Curso
MADtest

La diferencia entre aprobar
y sacar plaza

Personal de Lavandería
y Planchado

AF212137

SERVICIO ANDALUZ DE SALUD

Si aún no dispones de tu **Curso MADTEST**, te ofrecemos un acceso GRATIS de 30 días para que disfrutes de los siguientes recursos:

- MADTEST: personaliza tus test.

- Más de 5.100 preguntas de test *online*.

- Comprueba tu progreso.

- Test organizados por temas.

- Panel de control: preguntas falladas, no contestadas y anotaciones.

Para acceder a esta prueba del Curso MADTEST* será necesaria de este libro para esta especialidad de la edición 2026.

Regístrate en **mad.es/iniciar-sesion** y, en la pestaña **MIS CURSOS**, valida los códigos que encontrarás en la última página de tus libros. Recuerda que dispones de un plazo de **45 días desde la fecha de compra** para realizar la validación. Si no verificas tu matrícula, el periodo de uso del curso comenzará a contar aunque no hayas accedido.

NOTA IMPORTANTE:

* El acceso al CURSO MADTEST estará disponible desde febrero de 2026 (algunos recursos podrían estar disponibles en fecha posterior). Tendrá una duración de 30 días RENOVABLES mediante pago, desde la validación de códigos, o hasta el 28 de febrero de 2027, lo que se cumpla antes. MAD se reserva el derecho a ampliar dichas fechas.

MAD se reserva el derecho a ampliar dichas fechas.

Personal de Lavandería y Planchado del Servicio Andaluz de Salud

Enero, 2026

Personal de Lavandería y Planchado del Servicio Andaluz de Salud

Test comentados

Autores

DOMINGO GÓMEZ MARTÍNEZ
Licenciado en Derecho
Técnico de Función Administrativa del SAS

JUAN CARLOS RUBIO PINEDA
Ingeniero Superior en Informática

JOSÉ LUIS GARRIDO VELA
Licenciado en Derecho

ELENA GARCÍA FERNÁNDEZ
Licenciada en Derecho

LIDIA PONCE MARTÍNEZ
Licenciada en Psicología

JUAN MANUEL GIL RAMOS
Licenciado en Medicina. Master en Salud Ambiental.
Médico Puericultor

ANA MARÍA SERRANO BÁRCENA
Licenciada en Biología

HERMINIA ANDRADES ROMERO
Diplomada en Fisioterapia.
Técnico Superior en Imagen para el Diagnóstico.
Técnica Superior en Laboratorio de Análisis Clínico.
Prevencionista de Riesgos laborales (grado intermedio).
Auxiliar de Enfermería

© 7 Editores Recursos para la Cualificación Profesional y el Empleo, S.L. (7 Editores)
© Los autores
Primera edición, enero 2026 (182 páginas)
Derechos de edición reservados a favor de 7 Editores
IMPRESO EN ESPAÑA
Diseño Portada: 7 Editores
Edita: 7 Editores
Avda. San Francisco Javier, 9 · Edificio Sevilla 2 · Planta 11 · Módulos 25-27 · 41018 Sevilla
Teléfono: 954 784 411 · WEB: www.mad.es · e-mail: administracion@7editores.com
ISBN: 979-13-702-8582-1
© "Editorial Mad" y "Eduforma" son nombres comerciales registrados de
7 Editores Recursos para la Cualificación Profesional y el Empleo, S.L.

Índice

TEST COMUNES

TEST
PARTE COMÚN

TEST N.º 1

La Constitución Española de 1978. Valores superiores y principios inspiradores. Estudio particular de los derechos y deberes fundamentales, y de la regulación constitucional de la Jefatura del Estado y de los Poderes Públicos. Estudio particular del derecho a la protección de la salud

1. La justicia, según la Constitución, es:

a) Una garantía de los derechos fundamentales.
b) Un valor superior del ordenamiento jurídico.
c) Un fundamento del orden político y de la paz social.
d) Gratuita en todo caso.

2. Según la Constitución española, el plazo máximo de detención es de:

a) Veinticuatro horas.
b) Setenta y dos horas en todo caso.
c) Setenta y dos horas, ampliable en supuestos excepcionales.
d) Setenta y dos horas, ampliable otras veinticuatro.

3. El referéndum en el que se aprobó popularmente la Constitución se llevó a efecto el:

a) 27 de diciembre de 1978.
b) 6 de diciembre de 1978.
c) 31 de octubre de 1978.
d) 29 de diciembre de 1979.

4. ¿Cuáles de los siguientes españoles de origen pueden ser privados de su nacionalidad?

a) Exclusivamente los miembros de grupos terroristas.
b) Los miembros de grupos terroristas y los que atenten contra el Rey u otro miembro de la Casa Real.

c) Los que atenten contra un miembro de la Familia Real o del Gobierno de la Nación.
d) Ningún español de origen podrá ser privado de su nacionalidad.

5. ¿Qué debe ser democrático, a tenor de lo dispuesto en la Constitución española, en los sindicatos de trabajadores y las asociaciones empresariales?

a) Su funcionamiento.
b) Su estructura interna.
c) Su funcionamiento y estructura interna.
d) Sus órganos asamblearios.

6. La pena de muerte en España:

a) Ha quedado abolida.
b) Puede aplicarse en cualquier momento.
c) Solo se aplicará, en tiempo de guerra, a los militares.
d) Rige solo en el ámbito civil.

7. El secreto profesional, constitucionalmente, sirve para:

a) Ejercer con libertad una profesión titulada.
b) La libertad de creación científica y técnica.
c) No declarar sobre hechos presuntamente delictivos.
d) Todo lo anterior.

8. Señala cuál de los siguientes fines no se encuentra enumerado en el preámbulo de la Constitución, en referencia a la proclamación de voluntad de la nación española:

a) Consolidar un Estado de Derecho que asegure el imperio de la ley como expresión de la voluntad popular.
b) Promover el progreso de la cultura y de la economía para asegurar a todos una digna calidad de vida.
c) Garantizar el derecho a la autonomía de las nacionalidades y regiones que la integran y la solidaridad entre todas ellas.
d) Todas son correctas.

9. Según el artículo 1 de la Constitución española, España se constituye en un Estado:

a) Democrático y plural.
b) Constitucional y democrático.
c) Social y democrático de Derecho.
d) Autonómico, aconfesional y monárquico.

10. El tipo de sufragio que consagra la Constitución es el:

a) Proporcional.
b) Universal.
c) Censitario.
d) Las respuestas a) y b) son correctas.

11. Indica la estructura de la Constitución Española:

a) Título Preliminar, 10 títulos, 169 artículos, 4 disposiciones adicionales, y 9 disposiciones transitorias, 1 derogatoria y 1 final.
b) Título Preliminar, 10 títulos, 168 artículos, 4 disposiciones adicionales y 13 disposiciones transitorias, 1 derogatoria y 2 finales.
c) Título Preliminar, 12 títulos, 169 artículos, 4 disposiciones adicionales y 9 disposiciones transitorias, 1 derogatoria y 1 final.
d) Título Preliminar, 9 títulos, 169 artículos, 9 disposiciones adicionales y 4 disposiciones transitorias, 1 derogatoria y 2 finales.

12. Según la Constitución, el Estado es:

a) Apolítico.
b) Aconfesional.
c) De bienestar social.
d) Federal.

13. Tendrán el derecho de petición colectiva por escrito:

a) Únicamente los sindicatos.
b) Únicamente los partidos políticos.
c) Todos los ciudadanos excepto los miembros de los Institutos y Fuerzas Armadas.
d) Todos los ciudadanos incluidos los Institutos de Fuerzas Armadas.

14. El artículo 31.1 de la Constitución española dispone que todos contribuirán al sostenimiento de los gastos públicos de acuerdo con su capacidad económica mediante un sistema tributario justo inspirado en los principios de:

a) Igualdad y progresividad, que en ningún caso, tendrá alcance confiscatorio.
b) Igualdad y solidaridad, que en ningún caso, tendrá alcance confiscatorio.
c) Legalidad y solidaridad, que en ningún caso, tendrá alcance confiscatorio.
d) Proporcionalidad y legalidad, que en ningún caso, tendrá alcance confiscatorio.

15. El art. 36 de la Constitución española señala que la ley regulará las peculiaridades propias del régimen jurídico de los Colegios Profesionales y el ejercicio de las profesiones tituladas, debiendo, su estructura interna y el funcionamiento de los Colegios, ser:

a) Paritarios.
b) Democráticos.

c) Homogéneos.
d) Proporcionales.

16. Los artículos de la Constitución española de 1978 son:

a) 179.
b) 168.
c) 191.
d) Ninguna de las anteriores.

17. Según el artículo 21 de la Constitución española los derechos de reunión y manifestación:

a) Precisan autorización previa cuando se lleven a cabo en lugares públicos.
b) No necesitan autorización previa.
c) Pueden ejercerse siempre y en cualquier lugar.
d) Están siempre sujetos a grandes limitaciones.

18. Señala la respuesta correcta, respecto de la aprobación, ratificación y publicación de la Constitución española:

a) Aprobada por las Cortes el 31 de octubre de 1978, ratificada por el pueblo en referéndum el 6 de diciembre de 1978 y publicada el 29 de diciembre de 1978.
b) Aprobada por las Cortes el 30 de octubre de 1978, ratificada por el pueblo en referéndum el 16 de diciembre de 1978 y publicada el 27 de diciembre de 1978.
c) Aprobada por las Cortes el 31 de octubre de 1978, ratificada por el pueblo en referéndum el 16 de diciembre de 1978 y publicada el 29 de diciembre de 1978.
d) Aprobada por las Cortes el 10 de octubre de 1978, ratificada por el pueblo en referéndum el 26 de diciembre de 1978 y publicada el 30 de diciembre de 1978.

19. La Constitución española reconoce y garantiza el derecho a la autonomía:

a) De las nacionalidades que la integran.
b) De las regiones que la integran.
c) De las Comunidades Autónomas que la integran.
d) De las nacionalidades y regiones que la integran.

20. La CE se fundamenta en la indisoluble unidad de la Nación española y reconoce y garantiza:

a) El derecho a la autonomía de las CCAA y regiones que la integran y la solidaridad entre todas ellas.
b) El derecho a la autonomía de las Comunidades que la integran así como la solidaridad entre todas ellas.

c) El derecho a la autonomía de las Comunidades que la integran así como la solidaridad entre todas ellas y en especial las CCAA.

d) El derecho a la autonomía de las nacionalidades y regiones que la integran y la solidaridad entre todas ellas.

En MADTEST tienes **más preguntas de este tema**, y todos tus avances quedan registrados y se reflejan en el ranking.

¡Supera tus límites con MADTEST!

Soluciones comentadas

1. b) Un valor superior del ordenamiento jurídico.

El artículo 1.1 de la Constitución Española de 1978 indica que España se constituye en un Estado social y democrático de Derecho, que propugna como valores superiores de su ordenamiento jurídico la libertad, la justicia, la igualdad y el pluralismo político.

2. c) Setenta y dos horas, ampliable en supuestos excepcionales.

Derecho a la libertad y a la seguridad personal, por lo que nadie podrá ser privado de su libertad, sino con la observancia de lo dispuesto en el art. 17 y en los casos y en la forma prevista en la ley.

Asimismo, la detención preventiva no podrá durar más del tiempo estrictamente necesario para la realización de las averiguaciones tendentes al esclarecimiento de los hechos, y, en todo caso, en el plazo máximo de setenta y dos horas, el detenido deberá ser puesto en libertad o a disposición de la autoridad judicial.

3. b) 6 de diciembre de 1978.

La Constitución española se aprobó en referéndum el 6 de diciembre de 1978.

4. d) Ningún español de origen podrá ser privado de su nacionalidad.

La nacionalidad española, que se adquiere, se conserva y se pierde de acuerdo con lo establecido en la ley, sin que ningún español de origen pueda ser privado de la misma (art. 11).

5. c) Su funcionamiento y estructura interna.

Los Sindicatos de trabajadores y las Asociaciones empresariales, que contribuyen a la defensa y promoción de los intereses económicos y sociales que les son propios, con igual pronunciamiento que el de los partidos políticos en cuanto a su creación, ejercicio, estructura interna y funcionamiento (art. 7 CE).

6. a) Ha quedado abolida.

Derecho a la vida y a la integridad física y moral, sin que, en ningún caso, pueda ser sometido alguien a tortura ni a penas o tratos inhumanos o degradantes, quedando abolida la pena de muerte, salvo lo que dispongan las leyes penales militares para tiempos de guerra (art. 15 CE).

7. c) No declarar sobre hechos presuntamente delictivos.

La ley regulará los casos en que, por razón de parentesco o de secreto profesional, no se estará obligado a declarar sobre hechos presuntamente delictivos (art. 24).

8. c) Garantizar el derecho a la autonomía de las nacionalidades y regiones que la integran y la solidaridad entre todas ellas.

La fundamentación legal de esta pregunta la encontramos en el Preámbulo de la Constitución Española de 1978: La Nación española, deseando establecer la justicia, la libertad y la seguridad y promover el bien de cuantos la integran, en uso de su soberanía, proclama su voluntad de: Garantizar la convivencia democrática dentro de la Constitución y de las leyes conforme a un orden económico y social justo. Consolidar un Estado de Derecho que asegure el imperio de la ley como expresión de la voluntad popular. Proteger a todos los españoles y pueblos de España en el ejercicio de los derechos humanos, sus culturas y tradiciones, lenguas e instituciones. Promover el progreso de la cultura y de la economía para asegurar a todos una digna calidad de vida. Establecer una sociedad democrática avanzada, y Colaborar en el fortalecimiento de unas relaciones pacíficas y de eficaz cooperación entre todos los pueblos de la Tierra. En consecuencia, las Cortes aprueban y el pueblo español ratifica la siguiente Constitución.

9. c) Social y democrático de Derecho.

El art. 1 define el tipo de Estado de Derecho por el que se opta (Estado social y democrático de Derecho, que propugna como valores superiores de su ordenamiento jurídico la libertad, la justicia, la igualdad y el pluralismo político), enuncia el titular de la soberanía (el pueblo español) y consagra la llamada forma política del Estado (la Monarquía Parlamentaria).

10. b) Universal.

Derecho de participación en los asuntos públicos, directamente o por medio de representantes, libremente elegidos en elecciones periódicas por sufragio universal.

11. a) Título Preliminar, 10 títulos, 169 artículos, 4 disposiciones adicionales, y 9 disposiciones transitorias, 1 derogatoria y 1 final.

La fundamentación legal de esta pregunta la encontramos en la Constitución Española de 1978. Además de un preámbulo, la Constitución se estructura en 10 Títulos más el Preliminar, cuatro disposiciones adicionales, nueve transitorias, una derogatoria y una final.

12. b) Aconfesional.

Libertad ideológica, religiosa y de culto (art. 16 CE), sin más limitación en sus manifestaciones que la necesaria para el mantenimiento del orden público protegido por la ley, y sin que nadie pueda ser obligado a declarar sobre su ideología, religión y creencias, consagrándose la aconfesionalidad del Estado. La libertad religiosa ha sido regulada por la Ley Orgánica 7/1980, de 5 de julio, de Libertad Religiosa.

13. c) Todos los ciudadanos excepto los miembros de los Institutos y Fuerzas Armadas.

Derecho de petición individual y colectiva, por escrito, en la forma y con los efectos que determine la ley (se trata de la Ley Orgánica 4/2001, de 12 de noviembre, Reguladora del Derecho de Petición, parcialmente modificada por la mencionada Ley Orgánica 9/2011, de 27 de julio).

En cuanto a los miembros de las Fuerzas o Institutos armados o de los Cuerpos sometidos a disciplina militar, podrá ejercerse este derecho solo individualmente y con arreglo a lo dispuesto en su legislación específica (art. 29).

14. a) Igualdad y progresividad, que en ningún caso, tendrá alcance confiscatorio.

Deberes tributarios, recogidos en el art. 31,1.º conforme al cual «todos contribuirán al sostenimiento de los gastos públicos de acuerdo con su capacidad económica mediante un sistema tributario justo inspirado en los principios de igualdad y progresividad que, en ningún caso, tendrá alcance confiscatorio».

15. b) Democráticos.

El art. 36 CE señala que la ley regulará las peculiaridades propias del régimen jurídico de los Colegios Profesionales y el ejercicio de las profesiones tituladas, debiendo ser democráticos la estructura interna y el funcionamiento de los Colegios.

16. d) Ninguna de las anteriores.

La Carta Magna se estructura en ciento sesenta y nueve artículos, repartidos en un Título Preliminar y otros diez Títulos más.

17. b) No necesitan autorización previa.

Derecho de reunión pacífica y sin armas, sin necesidad de autorización previa, y con comunicación previa a la Autoridad, que solo podrá prohibirlas cuando existan razones fundadas de alteración del orden público, con peligro para personas o bienes, en los casos de reuniones en lugares de tránsito público y manifestaciones, según el art. 21 CE (el derecho de reunión se ha regulado por Ley Orgánica 9/1983, de 15 de julio).

18. a) Aprobada por las Cortes el 31 de octubre de 1978, ratificada por el pueblo en referéndum el 6 de diciembre de 1978 y publicada el 29 de diciembre de 1978.

- El Texto de la Constitución española se aprobó por ambas Cámaras el 31 de octubre de 1978.

- La Constitución española se aprobó en referéndum el 6 de diciembre de 1978.

- La Constitución española se sancionó y promulgó por el Rey, el 27 de diciembre de 1978.

- La Constitución española se publicó en el BOE y entró en vigor, el 29 de diciembre de 1978.

19. d) De las nacionalidades y regiones que la integran.

El art. 2 CE, dispone que «la Constitución se fundamenta en la indisoluble unidad de la Nación española, patria común e indivisible de todos los españoles, y reconoce y garantiza el derecho a la autonomía de las nacionalidades y regiones que la integran y la solidaridad entre todas ellas».

20. d) El derecho a la autonomía de las nacionalidades y regiones que la integran y la solidaridad entre todas ellas.

El artículo 2 de la Constitución Española de 1978 indica que la Constitución se fundamenta en la indisoluble unidad de la Nación española, patria común e indivisible de todos los españoles, y reconoce y garantiza el derecho a la autonomía de las nacionalidades y regiones que la integran y la solidaridad entre todas ellas.

TEST N.º 2

Ley Orgánica 2/2007, de 19 de marzo, de reforma del Estatuto de Autonomía para Andalucía: Título Preliminar; Título I (derechos sociales, deberes y políticas públicas); Título II (competencias de la Comunidad Autónoma en materia de salud, sanidad y farmacia); y Título IV (organización institucional de la Comunidad Autónoma)

1. Uno de los siguientes es un objetivo básico recogido en el artículo 10 del Estatuto de Autonomía de Andalucía:

a) La coherencia social, mediante un eficaz sistema de bienestar social, con especial atención a los colectivos y zonas más desfavorecidos social y económicamente, para facilitar su integración plena en la sociedad andaluza, propiciando así la superación de la exclusión social.

b) La especial atención a las personas en situación de demencia.

c) La integración social, económica y laboral de las personas con enfermedades raras.

d) La integración social, económica, laboral y cultural de los inmigrantes en Andalucía.

2. Los poderes públicos de Andalucía promoverán el desarrollo de una conciencia ciudadana y democrática plena, fundamentada en:

a) La Declaración Universal de los Derechos Humanos.

b) Los Tratados y acuerdos internacionales ratificados por España.

c) Los valores constitucionales y en los principios y objetivos establecidos en este Estatuto como señas de identidad propias de la Comunidad Autónoma.

d) La adopción de las medidas precisas para la enseñanza y el conocimiento de todo nuestro ordenamiento jurídico.

3. ¿Qué ley orgánica aprobó el Estatuto de Autonomia para Andalucía?

a) La Ley Orgánica 7/2007, de 7 de junio.

b) La Ley Orgánica 3/2005, de 11 de marzo.

c) La Ley Orgánica 2/2007, de 19 de marzo.

d) La Ley Orgánica 21/2008, de 23 de junio.

4. El Estatuto de Autonomía para Andalucía consta de:

a) 250 artículos divididos en once Títulos.
b) 247 artículos divididos en once Títulos.
c) 243 artículos divididos en doce Títulos.
d) 239 artículos divididos en doce Títulos.

5. ¿Qué Título del Estatuto de Autonomía para Andalucía regula la organización institucional de la Comunidad Autónoma?

a) El Título III.
b) El Título IV.
c) El Título V.
d) El Título VII.

6. Señala cuál de los siguientes no es uno de los valores superiores propugnados por el Estatuto de Autonomía para Andalucía:

a) Solidaridad.
b) Libertad.
c) Igualdad.
d) Justicia.

7. La bandera de Andalucía formada por tres franjas horizontales -verde, blanca y verde – de igual anchura, fue aprobada en la Asamblea de:

a) Utrera de 1918.
b) Écija de 1918.
c) Ronda de 1918.
d) Jerez de 1919.

8. ¿Qué leyenda figura en el escudo de Andalucía?

a) Andalucía por sí, para España y el Mundo.
b) Andalucía por sí, para España y Europa.
c) Andalucía por sí, para España y la Humanidad.
d) Andalucía por sí, para España y el Universo.

9. ¿Qué ley aprobó el Escudo e Himno de Andalucía?

a) La Ley 3/1982, de 21 diciembre.
b) La Ley 12/1982, de 20 diciembre.
c) La Ley 11/1982, de 28 febrero.
d) La Ley 22/1982, de 9 junio.

10. Sin perjuicio de que algunas Salas puedan ubicarse en otras ciudades de la Comunidad Autónoma, la sede del Tribunal Superior de Justicia radica en:

a) Sevilla.
b) Málaga.
c) Granada.
d) Antequera (Málaga).

11. Señala la respuesta incorrecta:

a) Por Ley del Parlamento andaluz se podrán establecer sedes de organismos o instituciones de la Comunidad Autónoma en distintas ciudades de Andalucía, salvo aquellas sedes establecidas en el Estatuto.

b) A los efectos del Estatuto de Autonomía para Andalucía, gozan de la condición política de andaluces o andaluzas los ciudadanos españoles que, de acuerdo con las Leyes de la Comunidad Autónoma de Andalucía, tengan vecindad administrativa en cualquiera de los municipios de Andalucía.

c) La protección que corresponde a los símbolos de Andalucía será la misma que corresponda a los demás símbolos del Estado.

d) Sevilla es la sede del Parlamento, de la Presidencia de la Junta y del Consejo de Gobierno.

12. Señala la opción correcta respecto a los objetivos básicos de la Comunidad Autónoma:

a) La Comunidad Autónoma propiciará la efectiva igualdad del hombre y de la mujer andaluces, promoviendo la democracia equilibrada y la plena incorporación de aquella en la vida social, superando la brecha de género.

b) La Comunidad Autónoma de Andalucía promoverá las condiciones para que la libertad y la igualdad del individuo y de los grupos en que se integra sean reales y efectivas.

c) Removerá los obstáculos que impidan o dificulten su transversalidad.

d) Fomentará la calidad de la democracia facilitando la participación de todos los españoles en la vida política, económica, cultural y social. A tales efectos, adoptará todas las medidas de acción positiva que resulten necesarias.

13. ¿Qué Título del Estatuto de Autonomía para Andalucía regula la reforma del mismo?

a) El Título VI.
b) El Título VII.
c) El Título X.
d) El Título XI.

14. La Comunidad Autónoma de Andalucía, en defensa del interés general, ejercerá sus poderes con el siguiente objetivo básico:

a) El afianzamiento de la conciencia de identidad y de la cultura andaluza a través del conocimiento, investigación y difusión del patrimonio histórico, antropológico y lingüístico.

b) La defensa, promoción, estudio y prestigio de la modalidad lingüística andaluza en todas sus variedades.

c) La creación de las condiciones indispensables para hacer posible el retorno de los andaluces en el exterior que lo deseen y para que contribuyan con su trabajo al bienestar colectivo del pueblo andaluz.

d) Todas las respuestas son correctas.

15. Señala cuál de los siguientes no es uno de los Títulos del Estatuto de Autonomía para Andalucía:

a) Economía, Empleo y Desarrollo.
b) El Poder Judicial en Andalucía.
c) Medio Ambiente.
d) Medios de Comunicación Social.

16. Según dispone expresamente el Estatuto de Autonomía para Andalucía los poderes de la Comunidad Autónoma de Andalucía emanan de:

a) La Constitución y del pueblo andaluz.
b) La Constitución, Europa y del pueblo andaluz.
c) España y del pueblo andaluz.
d) Los pueblos de España y especialmente del pueblo andaluz.

17. Sin perjuicio de que pueda celebrar sesiones en otros lugares de Andalucía de acuerdo con lo que establezcan, respectivamente, el Reglamento del Parlamento y la ley, la sede del Consejo de Gobierno de Andalucía es:

a) Málaga.
b) Granada.
c) Sevilla.
d) Antequera.

18. ¿Qué artículo del Estatuto de Autonomía para Andalucía regula la protección contra la violencia de género y establece que las mujeres tienen derecho a una protección integral contra la violencia de género, que incluirá medidas preventivas, medidas asistenciales y ayudas públicas?

a) El artículo 15.
b) El artículo 16.
c) El artículo 17.
d) El artículo 20.

19. Señala la respuesta incorrecta:

a) El art. 35 señala que toda persona tiene derecho a que se respete su orientación sexual y su identidad de género.
b) En el ámbito de competencias de la Comunidad Autónoma, las parejas no casadas inscritas en el registro gozarán de los mismos derechos que las parejas casadas.

c) Todas las parejas no casadas tienen la obligación de inscribir en un registro público sus opciones de convivencia.

d) El art. 17 del Estatuto de Autonomía para Andalucía regula la protección de la familia, señalando que se garantiza la protección social, jurídica y económica de la familia.

20. El art. 21 del Estatuto de Autonomía dispone que se garantiza, mediante un sistema educativo público, el derecho constitucional de todos a una educación:

a) Pública y de calidad.
b) Universal y gratuita.
c) General y de calidad.
d) Permanente y de carácter compensatorio.

En MADTEST tienes **más preguntas de este tema**, y todos tus avances quedan registrados y se reflejan en el ranking.

¡Supera tus límites con MADTEST!

Soluciones comentadas

1. **d) La integración social, económica, laboral y cultural de los inmigrantes en Andalucía.**

   Art. 10.3 del Estatuto de Autonomía para Andalucía:

   – Para todo ello, la Comunidad Autónoma, en defensa del interés general, ejercerá sus poderes con los siguientes objetivos básicos:

   17.º La integración social, económica, laboral y cultural de los inmigrantes en Andalucía.

2. **c) Los valores constitucionales y en los principios y objetivos establecidos en este Estatuto como señas de identidad propias de la Comunidad Autónoma.**

   El art. 11 del Estatuto de Autonomía para Andalucía prescribe que los poderes públicos de Andalucía promoverán el desarrollo de una conciencia ciudadana y democrática plena, fundamentada en los valores constitucionales y en los principios y objetivos establecidos en este Estatuto como señas de identidad propias de la Comunidad Autónoma. Con esta finalidad se adoptarán las medidas precisas para la enseñanza y el conocimiento de la Constitución y el Estatuto de Autonomía.

3. **c) La Ley Orgánica 2/2007, de 19 de marzo.**

   El nuevo Estatuto de Autonomía para Andalucía fue promulgado como Ley Orgánica 2/2007, de 19 de marzo, de reforma del Estatuto de Autonomía para Andalucía.

4. **a) 250 artículos divididos en once Títulos.**

   El Estatuto consta de 250 artículos y se estructura en un Preámbulo, diez Títulos, cinco Disposiciones Adicionales, dos Disposiciones Transitorias, una Disposición Derogatoria y tres Disposiciones Finales.

5. **b) El Título IV.**

   El Estatuto de Autonomía para Andalucía se estructura en:

   a) Preámbulo.

   b) Título Preliminar, del que luego trataremos.

   c) Título I, sobre los derechos sociales, deberes y políticas públicas.

   d) Título II, relativo a las competencias de la Comunidad Autónoma, también objeto de estudio más adelante.

e) Título III, dedicado a la organización territorial de la Comunidad Autónoma.

f) Título IV, regulador de la organización institucional de la Comunidad Autónoma, que será asimismo desarrollado después.

g) Título V, concerniente al Poder Judicial.

h) Título VI, sobre Economía, Empleo y Hacienda.

i) Título VII, relativo al medio ambiente.

j) Título VIII, sobre medios de comunicación social.

k) Título IX, en el que se trata de las relaciones institucionales de la Comunidad Autónoma.

l) Título X, sobre la reforma del Estatuto.

m) Cinco Disposiciones Adicionales.

n) Dos Disposiciones Transitorias.

ñ) Una Disposición Derogatoria.

o) Tres Disposiciones Finales.

6. a) Solidaridad.

El Estatuto de Autonomía propugna como valores superiores la libertad, la justicia, la igualdad y el pluralismo político para todos los andaluces, en un marco de igualdad y solidaridad con las demás Comunidades Autónomas de España.

7. c) Ronda de 1918.

La bandera de Andalucía es la tradicional formada por tres franjas horizontales -verde, blanca y verde – de igual anchura, tal como fue aprobada en la Asamblea de Ronda de 1918.

8. c) Andalucía por sí, para España y la Humanidad.

Andalucía tiene escudo propio, aprobado por ley de su Parlamento (la Ley del Parlamento de Andalucía 3/1982, de 21 de diciembre), en el que figura la leyenda «Andalucía por sí, para España y la Humanidad», teniendo en cuenta el acuerdo adoptado por la Asamblea de Ronda de 1918.

9. a) La Ley 3/1982, de 21 diciembre.

Andalucía tiene escudo propio, aprobado por ley del Parlamento de Andalucía 3/1982, de 21 de diciembre.

10. c) Granada.

La sede del Tribunal Superior de Justicia es la ciudad de Granada, sin perjuicio de que algunas Salas puedan ubicarse en otras ciudades de la Comunidad Autónoma (actualmente existen Salas en Málaga y Sevilla).

11. b) A los efectos del Estatuto de Autonomía para Andalucía, gozan de la condición política de andaluces o andaluzas los ciudadanos españoles que, de acuerdo con las Leyes de la Comunidad Autónoma de Andalucía, tengan vecindad administrativa en cualquiera de los municipios de Andalucía.

A tenor del art. 5 del Estatuto de Autonomía para Andalucía:

1. A los efectos del presente Estatuto, gozan de la condición política de andaluces o andaluzas los ciudadanos españoles que, de acuerdo con las leyes generales del Estado, tengan vecindad administrativa en cualquiera de los municipios de Andalucía.

12. b) La Comunidad Autónoma de Andalucía promoverá las condiciones para que la libertad y la igualdad del individuo y de los grupos en que se integra sean reales y efectivas.

El art. 10 del Estatuto de Autonomía para Andalucía, dispone:

1. La Comunidad Autónoma de Andalucía promoverá las condiciones para que la libertad y la igualdad del individuo y de los grupos en que se integra sean reales y efectivas; removerá los obstáculos que impidan o dificulten su plenitud y fomentará la calidad de la democracia facilitando la participación de todos los andaluces en la vida política, económica, cultural y social. A tales efectos, adoptará todas las medidas de acción positiva que resulten necesarias.

13. c) El Título X.

El Estatuto de Autonomía para Andalucía se estructura en:

a) Preámbulo.

b) Título Preliminar, del que luego trataremos.

c) Título I, sobre los derechos sociales, deberes y políticas públicas.

d) Título II, relativo a las competencias de la Comunidad Autónoma, también objeto de estudio más adelante.

e) Título III, dedicado a la organización territorial de la Comunidad Autónoma.

f) Título IV, regulador de la organización institucional de la Comunidad Autónoma, que será asimismo desarrollado después.

g) Título V, concerniente al Poder Judicial.

h) Título VI, sobre Economía, Empleo y Hacienda.

i) Título VII, relativo al medio ambiente.

j) Título VIII, sobre medios de comunicación social.

k) Título IX, en el que se trata de las relaciones institucionales de la Comunidad Autónoma.

l) Título X, sobre la reforma del Estatuto.

m) Cinco Disposiciones Adicionales.

n) Dos Disposiciones Transitorias.

ñ) Una Disposición Derogatoria.

o) Tres Disposiciones Finales.

14. d) Todas las respuestas son correctas.

Art. 10.3 del Estatuto: Para todo ello, la Comunidad Autónoma, en defensa del interés general, ejercerá sus poderes con los siguientes objetivos básicos:

3.º El afianzamiento de la conciencia de identidad y de la cultura andaluza a través del conocimiento, investigación y difusión del patrimonio histórico, antropológico y lingüístico.

4.º La defensa, promoción, estudio y prestigio de la modalidad lingüística andaluza en todas sus variedades.

6.º La creación de las condiciones indispensables para hacer posible el retorno de los andaluces en el exterior que lo deseen y para que contribuyan con su trabajo al bienestar colectivo del pueblo andaluz.

15. a) Economía, Empleo y Desarrollo.

El Estatuto de Autonomía para Andalucía se estructura en los siguientes Títulos:

– Título Preliminar, del que luego trataremos.

– Título I, sobre los derechos sociales, deberes y políticas públicas.

– Título II, relativo a las competencias de la Comunidad Autónoma, también objeto de estudio más adelante.

– Título III, dedicado a la organización territorial de la Comunidad Autónoma.

– Título IV, regulador de la organización institucional de la Comunidad Autónoma, que será asimismo desarrollado después.

– Título V, concerniente al Poder Judicial.

– Título VI, sobre Economía, Empleo y Hacienda.

– Título VII, relativo al medio ambiente.

– Título VIII, sobre medios de comunicación social.

– Título IX, en el que se trata de las relaciones institucionales de la Comunidad Autónoma.

– Título X, sobre la reforma del Estatuto.

16. a) La Constitución y del pueblo andaluz.

El art. 1 se refiere genéricamente a Andalucía, disponiendo que:

3. Los poderes de la Comunidad Autónoma de Andalucía emanan de la Constitución y del pueblo andaluz, en los términos del presente Estatuto de Autonomía, que es su norma institucional básica.

17. c) Sevilla.

El art. 4 señala que la capital de Andalucía es la ciudad de Sevilla, sede del Parlamento, de la Presidencia de la Junta y del Consejo de Gobierno, sin perjuicio de que estas instituciones puedan celebrar sesiones en otros lugares de Andalucía de acuerdo con lo que establezcan, respectivamente, el Reglamento del Parlamento y la ley.

18. b) El artículo 16.

El Estatuto de Autonomía para Andalucía, aborda una concreción práctica del derecho a la vida y a la integridad física y moral en su art. 16, al regular la protección contra la violencia de género y establecer que las mujeres tienen derecho a una protección integral contra la violencia de género, que incluirá medidas preventivas, medidas asistenciales y ayudas públicas.

19. c) Todas las parejas no casadas tienen la obligación de inscribir en un registro público sus opciones de convivencia.

El art. 17 del Estatuto de Autonomía para Andalucía regula la protección de la familia, señalando que se garantiza la protección social, jurídica y económica de la familia. La ley regulará el acceso a las ayudas públicas para atender a las situaciones de las diversas modalidades de familia existentes según la legislación civil. Todas las parejas no casadas tienen el derecho a inscribir en un registro público sus opciones de convivencia. En el ámbito de competencias de la Comunidad Autónoma, las parejas no casadas inscritas en el registro gozarán de los mismos derechos que las parejas casadas.

20. d) Permanente y de carácter compensatorio.

En cuanto al derecho a la educación, el art. 21 del Estatuto de Autonomía dispone que:

1. Se garantiza, mediante un sistema educativo público, el derecho constitucional de todos a una educación permanente y de carácter compensatorio.

TEST N.º 3

Organización sanitaria (I). Ley 14/1986, de 25 de abril, General de Sanidad: principios generales del sistema de salud; competencias de las Administraciones Públicas; estructura del sistema sanitario público. La organización general del sistema sanitario público de Andalucía (SSPA). Ley 2/1998, de 15 de junio, de Salud de Andalucía: objeto, principios y alcance; derechos y deberes de los ciudadanos. El Plan Andaluz de Salud. Conocimiento general de los Planes Marco y Estrategias vigentes de la Consejería competente en materia de Salud y del Servicio Andaluz de Salud. El Contrato Programa

1. Según la Ley General de Sanidad, la estructura fundamental del sistema sanitario, responsabilizada de la gestión unitaria de los centros y establecimientos del servicio de salud de la Comunidad Autónoma en su demarcación territorial y de las prestaciones sanitarias y programas sanitarios a desarrollar, se denomina:

a) Servicio de Salud.
b) Sistema Nacional de Salud.
c) Zona Básica de Salud.
d) Área de Salud.

2. Forma parte del Consejo Interterritorial del Sistema Nacional de Salud, como órgano coordinador del Sistema Nacional de Salud:

a) El Ministro competente en materia de sanidad, que ostentará su Presidencia.
b) Los Consejeros competentes en materia de sanidad de las Comunidades Autónomas, de entre los que se elegirá al Presidente.
c) El Ministro de Sanidad y los Directores de los Servicios de Salud de las Comunidades Autónomas con competencia en materia de salud.
d) Ninguna de las anteriores respuestas es correcta.

3. El Plan Integrado de Salud:

a) Es el documento que recoge las necesidades financieras del Sistema Nacional de salud.
b) Es aprobado por el Consejo Interterritorial del Sistema Nacional de Salud.

c) Tendrá una vigencia de un año.

d) Recoge en un documento único los Planes estatales, los de las Comunidades Autónomas y los conjuntos.

4. Según la Ley General de Sanidad, la financiación de la asistencia sanitaria se realiza con cargo a:

a) Las cotizaciones procedentes de la Seguridad Social exclusivamente.

b) Los Presupuestos de las Comunidades Autónomas, en el ámbito de sus respectivas competencias, únicamente.

c) Las aportaciones de las Comunidades Autónomas y de las Corporaciones Locales, tasas por la prestación de determinados servicios, Tributos estatales cedidos, transferencias del Estado y cotizaciones sociales.

d) Los Presupuestos Generales del Estado, sin participación de la Seguridad Social, dado que ha desaparecido la obligación de financiarla con las cotizaciones procedentes de esta.

5. Según dispone el artículo 51.2 de la LGS, la ordenación territorial de los servicios será competencia:

a) Del Ministerio de Sanidad.

b) De las Comunidades Autónomas.

c) De las Corporaciones Locales.

d) De todas las Administraciones públicas.

6. Teniendo en cuenta los principios básicos que se establecen a tal efecto en la Ley General de Sanidad, corresponde delimitar y constituir las denominadas Áreas de Salud:

a) Al Ministerio de Sanidad.

b) A las Comunidades Autónomas.

c) A los Municipios y Provincias.

d) Al Consejo Interterritorial del Sistema Nacional de Salud.

7. Según dispone la Ley General de Sanidad, como regla general, y sin perjuicio de las excepciones a que hubiera lugar, atendidos los factores geográficos, socioeconómicos, demográficos, laborales, epidemiológicos, culturales, climatológicos y de dotación de vías y medios de comunicación, el Área de Salud extenderá su acción a una población:

a) No inferior a 50.000 habitantes ni superior a 150.000.

b) No inferior a 100.000 habitantes ni superior a 250.000.

c) No inferior a 200.000 habitantes ni superior a 250.000.

d) No inferior a 250.000 habitantes ni superior a 400.000.

8. Conforme a lo previsto en la Ley General de Sanidad, ¿cuántas Áreas de salud tendrá, como mínimo, cada provincia?

a) Una.
b) Dos.
c) Tres.
d) Cuatro.

9. Según lo establecido en la Ley General de Sanidad, ¿cuál es el órgano de dirección de las Áreas de Salud?

a) La Gerencia.
b) El Consejo de salud de Área.
c) El Consejo de dirección de Área.
d) El Comité de dirección.

10. Según lo establecido en la Ley General de Sanidad, el órgano de participación de las Áreas de Salud es:

a) La Gerencia.
b) El Consejo de salud de Área.
c) El Consejo de dirección de Área.
d) El Comité de dirección.

11. Según lo establecido en la Ley General de Sanidad, es una función del Consejo de salud del área de salud:

a) Promover la participación comunitaria en el seno del área de salud.
b) Verificar la adecuación de las actuaciones en el área de salud a las normas y directrices de la política sanitaria y económica.
c) Conocer e informar el anteproyecto del Plan de Salud del área y de sus adaptaciones anuales.
d) Todas las respuestas anteriores son correctas.

12. Según lo dispuesto en la Ley General de Sanidad al regular las Áreas de Salud, formular las directrices en política de salud y controlar la gestión del Área, dentro de las normas y programas generales establecidos por la Administración autonómica corresponde:

a) A la Gerencia.
b) Al Consejo de salud de Área.
c) Al Consejo de dirección de Área.
d) Al Comité de dirección.

13. Según lo dispuesto en la Ley General de Sanidad ¿qué porcentaje de los miembros del Consejo de dirección del área de salud está formado por la representación de la Comunidad Autónoma?

a) El 60 %.
b) El 50 %.
c) El 40 %.
d) El 35 %.

14. Conforme a la Ley General de Sanidad, la aprobación de las prioridades específicas del Área de Salud le corresponde:

a) Al Consejo de salud.
b) Al Comité de dirección.
c) A la Gerencia.
d) Al Consejo de dirección de Área.

15. Conforme a lo que establece la Ley General de Sanidad, señala la respuesta incorrecta respecto al Gerente del Área de Salud:

a) Es el órgano de gestión de la misma y podrá, previa convocatoria, asistir con voz, pero sin voto, a las reuniones del Consejo de dirección.
b) Presentará los anteproyectos del Plan de Salud y de sus adaptaciones anuales y el proyecto de memoria anual del Área de Salud.
c) Será el encargado de la ejecución de las directrices establecidas por el Consejo de dirección, de las propias del Plan de Salud del Área y de las normas correspondientes a la Administración autonómica y del Estado.
d) Será nombrado y cesado por el Consejo de dirección del Área.

16. Conforme a lo que dispone la Ley General de Sanidad, es una función de los centros de salud:

a) Servir como centro de reunión entre la comunidad y los profesionales sanitarios.
b) Albergar la estructura física de consultas y servicios asistenciales personales correspondientes a la población en que se ubica.
c) Facilitar el trabajo en equipo de los profesionales sanitarios de la zona.
d) Todas las respuestas son correctas.

17. Según la Ley General de Sanidad, las actividades que se realicen en materia de control de posibles riesgos para la salud derivados del tráfico internacional de viajeros son:

a) Competencia exclusiva del Ministerio de Asuntos Exteriores.
b) Actividades de sanidad exterior.
c) Competencia exclusiva del Ministerio de Sanidad.
d) Excluidas de la Ley General de Sanidad.

18. Entre las actuaciones en materia de Sanidad interior que contempla la Ley General de Sanidad, no se encuentra:

a) El catálogo y registro general de centros, servicios y establecimientos sanitarios.
b) La homologación de programas de formación postgraduada del personal sanitario.
c) La realización de estadísticas de interés comunitario.
d) La elaboración de informes generales sobre la salud pública y la asistencia sanitaria.

19. Según la Ley General de Sanidad, las Comunidades Autónomas ejercerán las competencias:

a) Asumidas en la Constitución.
b) Que sus Estatutos les transfieran.
c) Asumidas en sus Estatutos.
d) Que les delegue la Constitución.

20. Respecto de las Corporaciones Locales, la Ley General de Sanidad determina:

a) Unas competencias exclusivas.
b) El desarrollo de actuaciones.
c) Unas responsabilidades mínimas de los Ayuntamientos.
d) Unas competencias exclusivas de los Ayuntamientos.

En MADTEST tienes **más preguntas de este tema**, y todos tus avances quedan registrados y se reflejan en el ranking.

¡Supera tus límites con MADTEST!

Soluciones comentadas

1. d) Área de Salud.

Las áreas de salud son las estructuras fundamentales del sistema sanitario, responsabilizadas de la gestión unitaria de los centros y establecimientos del servicio de salud de la Comunidad Autónoma en su demarcación territorial y de las prestaciones sanitarias y programas sanitarios a desarrollar por ellos.

2. a) El Ministro competente en materia de sanidad, que ostentará su Presidencia.

Tras la reforma introducida por la Ley de cohesión y calidad del Sistema Nacional de Salud, el Consejo Interterritorial está constituido por las personas titulares del Ministerio de Sanidad y de las consejerías competentes en materia de sanidad de las Comunidades Autónomas y Ciudades con Estatuto de Autonomía.

Preside el Consejo Interterritorial del Sistema Nacional de Salud la persona titular del Ministerio de Sanidad. La Vicepresidencia es desempeñada por uno de los representantes de las Comunidades Autónomas y Ciudades con Estatuto de Autonomía, elegido por y de entre ellos. La persona titular de la Secretaría es nombrada por la Presidencia.

3. d) Recoge en un documento único los Planes estatales, los de las Comunidades Autónomas y los conjuntos.

El Plan Integrado de Salud, que deberá tener en cuenta los criterios de coordinación general sanitaria elaborados por el gobierno de acuerdo con lo previsto en el art. 70, recogerá en un documento único los planes estatales, los planes de las Comunidades Autónomas y los planes conjuntos (art. 74 LGS).

4. c) Las aportaciones de las Comunidades Autónomas y de las Corporaciones Locales, tasas por la prestación de determinados servicios, Tributos estatales cedidos, transferencias del Estado y cotizaciones sociales.

Son características fundamentales del Sistema Nacional de Salud (art. 46 LGS):

d) La financiación de las obligaciones derivadas de esta ley se realizará mediante recursos de las Administraciones públicas, cotizaciones y tasas por la prestación de determinados servicios.

5. b) De las Comunidades Autónomas.

La ordenación territorial de los servicios será competencia de las Comunidades Autónomas y se basará en la aplicación de un concepto integrado de atención a la salud (art. 51.2 LGS).

6. b) A las Comunidades Autónomas.

Las Comunidades Autónomas delimitarán y constituirán en su territorio demarcaciones denominadas áreas de salud, debiendo tener en cuenta a tal efecto los principios básicos que la LGS, para organizar un sistema sanitario coordinado e integral (art. 56.1 LGS).

7. c) No inferior a 200.000 habitantes ni superior a 250.000.

Como regla general, y sin perjuicio de las excepciones a que hubiera lugar, atendidos los factores geográficos, socioeconómicos, demográficos, laborales, epidemiológicos, culturales, climatológicos y de dotación de vías y medios de comunicación, el área de salud extenderá su acción a una población no inferior a 200.000 habitantes ni superior a 250.000.

8. a) Una.

En todo caso, cada provincia tendrá, como mínimo, un área de salud (art. 56.5 LGS).

9. c) El Consejo de dirección de Área.

Las Áreas de Salud contarán, como mínimo, con los siguientes órganos (art. 57 LGS):

1. De participación: el Consejo de salud de área.

2. De dirección: el Consejo de dirección de área.

3. De gestión: el Gerente de área.

10. b) El Consejo de salud de Área.

Las Áreas de Salud contarán, como mínimo, con los siguientes órganos (art. 57 LGS):

1. De participación: el Consejo de salud de área.

2. De dirección: el Consejo de dirección de área.

3. De gestión: el Gerente de área.

11. d) Todas las respuestas anteriores son correctas.

Las funciones del Consejo de Salud serán las siguientes (art. 58.3 LGS):

a) Verificar la adecuación de las actuaciones en el área de salud a las normas y directrices de la política sanitaria y económica.

b) Orientar las directrices sanitarias del área, a cuyo efecto podrán elevar mociones e informes a los órganos de dirección.

c) Proponer medidas a desarrollar en el área de salud para estudiar los problemas sanitarios específicos de la misma, así como sus prioridades.

d) Promover la participación comunitaria en el seno del área de salud.

e) Conocer e informar el anteproyecto del Plan de Salud del área y de sus adaptaciones anuales.

f) Conocer e informar la memoria anual del área de salud.

12. c) Al Consejo de dirección de Área.

Al Consejo de dirección del área de salud corresponde formular las directrices en política de salud y controlar la gestión del área, dentro de las normas y programas generales establecidos por la Administración autonómica (art. 59.1 LGS).

13. a) El 60 %.

El Consejo de dirección estará formado por la representación de la Comunidad Autónoma, que supondrá el 60 % de los miembros de aquel, y los representantes de las Corporaciones Locales, elegidos por quienes ostenten tal condición en el Consejo de salud (art. 59.2 LGS).

14. d) Al Consejo de dirección de Área.

Las funciones del Consejo de dirección son las siguientes (art. 59.3 LGS):

a) La propuesta de nombramiento y cese del gerente del área de salud.

b) La aprobación del proyecto del Plan de Salud del área, dentro de las normas, directrices y programas generales establecidos por la Comunidad Autónoma.

c) La aprobación de la memoria anual del área de salud.

d) El establecimiento de los criterios generales de coordinación en el área de salud.

e) La aprobación de las prioridades específicas del área de salud.

f) La aprobación del anteproyecto y de los ajustes anuales del Plan de Salud del área.

g) La elaboración del Reglamento del Consejo de dirección y del Consejo de salud del área, dentro de las directrices generales que establezca la Comunidad Autónoma.

15. d) Será nombrado y cesado por el Consejo de dirección del Área.

El Gerente del área de salud será nombrado y cesado por la dirección del servicio de salud de la Comunidad Autónoma, a propuesta del Consejo de dirección del área (art. 60.1 LGS).

16. d) Todas las respuestas son correctas.

El centro de salud tendrá las siguientes funciones (art. 64 LGS):

a) Albergar la estructura física de consultas y servicios asistenciales personales correspondientes a la población en que se ubica.

b) Albergar los recursos materiales precisos para la realización de las exploraciones complementarias de que se pueda disponer en la zona.

c) Servir como centro de reunión entre la comunidad y los profesionales sanitarios.

d) Facilitar el trabajo en equipo de los profesionales sanitarios de la zona.

e) Mejorar la organización administrativa de la atención de salud en su zona de influencia.

17. b) Actividades de sanidad exterior.

Son actividades de sanidad exterior «todas aquellas que se realicen en materia de vigilancia y control de los posibles riesgos para la salud derivados de la importación, exportación o tránsito de mercancías y del tráfico internacional de viajeros» (art. 38.2 LGS).

18. c) La realización de estadísticas de interés comunitario.

La Administración del Estado, sin menoscabo de las competencias de las Comunidades Autónomas, desarrollará las siguientes actuaciones (art. 40 LGS):

10. El catálogo y registro general de centros, servicios y establecimientos sanitarios.

11. La homologación de programas de formación postgraduada del personal sanitario.

15. La elaboración de informes generales sobre la salud pública y la asistencia sanitaria.

13. El establecimiento de sistemas de información sanitaria y *la realización de estadísticas, de interés general supracomunitario.*

19. c) Asumidas en sus Estatutos.

La Ley General de Sanidad describe las competencias sanitarias de las Comunidades Autónomas: «Las Comunidades Autónomas ejercerán las competencias asumidas en sus Estatutos y las que el Estado les transfiera o, en su caso, les delegue» (art. 41.1 LGS).

20. c) Unas responsabilidades mínimas de los Ayuntamientos.

Los Ayuntamientos, sin perjuicio de las competencias de las demás Administraciones Públicas, tendrán responsabilidades mínimas en relación al obligado cumplimiento de las normas y planes sanitarios (art. 42 LGS).

TEST N.º 4

Organización sanitaria (II). Estructura, organización y competencias de la Consejería competente en materia de salud y del Servicio Andaluz de Salud. Asistencia sanitaria pública en Andalucía: la estructura, organización y funcionamiento de los servicios de Atención Primaria; la organización de los Hospitales y de la Atención Especializada; y las Áreas de Gestión Sanitarias. Áreas de organización especial: Salud Mental; Trasplantes; Urgencias; Red Andaluza de Medicina Transfusional, Tejidos y Células; Biobanco del SSPA

1. Conforme al Decreto 168/2025, de 5 de noviembre, por el que se establece la estructura orgánica de la Consejería de Sanidad, Presidencia y Emergencias, la jefatura superior del personal adscrito al Servicio Andaluz de Salud la desempeña:

a) La persona titular de la Consejería de Sanidad, Presidencia y Emergencias.
b) La persona titular de la Dirección Gerencia del SAS.
c) La persona titular de la Dirección General de Personal del SAS.
d) La persona titular de la Viceconsejería de Sanidad.

2. Es competencia de la Dirección General de Asistencia Sanitaria y Resultados en Salud del Servicio Andaluz de Salud:

a) La resolución de los procedimientos de responsabilidad patrimonial del Servicio Andaluz de Salud.
b) La ordenación y gestión de los puestos de trabajo del Servicio Andaluz de Salud.
c) La propuesta, implantación, seguimiento y evaluación de los criterios de distribución de la financiación en los centros del Servicio Andaluz de Salud.
d) La participación en el diseño y elaboración de los Mapas Sanitarios de Andalucía y del Mapa de Urgencias y Emergencias Sanitarias.

3. ¿Qué forma jurídica ostenta el Servicio Andaluz de Salud?

a) Empresa pública.
b) Agencia pública empresarial.

c) Organismo autónomo.

d) Agencia administrativa.

4. Conforme al artículo 24 del Decreto 168/20025, de 5 de noviembre, por el que se establece la estructura orgánica de la Consejería de Sanidad, Presidencia y Emergencias, corresponde a la Dirección General de Tecnologías de la Información y Comunicaciones del Servicio Andaluz de Salud:

a) El impulso de políticas estratégicas de personal, en el marco presupuestario existente, orientadas a la consecución de la excelencia en el desempeño profesional de manera que redunde en un servicio sanitario de calidad.

b) Establecer las medidas que promuevan la adaptación organizacional y la gestión del cambio ante nuevas tecnologías, asegurando el respaldo de los usuarios.

c) El impulso de acciones de mejora organizativa en el ámbito de la gestión de las personas que trabajan en el Servicio Andaluz de Salud.

d) Todas las respuestas son correctas.

5. La estructura orgánica de la Consejería de Sanidad, Presidencia y Emergencias y del Servicio Andaluz de Salud se establece actualmente (enero de 2026) en el:

a) Decreto 185/2025, de 1 de diciembre.

b) Decreto 168/2025, de 5 de noviembre.

c) Decreto 5/2025, de 1 de febrero.

d) Decreto 198/2024, de 3 de septiembre.

6. Señala la incorrecta. Es competencia de la Dirección General de Gestión Económica y Servicios del Servicio Andaluz de Salud:

a) El análisis, seguimiento, evaluación y control de las diferentes líneas de gastos del personal adscrito al Servicio Andaluz de Salud.

b) La propuesta, implantación, seguimiento y evaluación de los criterios de distribución de la financiación en los centros del Servicio Andaluz de Salud.

c) La dirección, coordinación y seguimiento y evaluación de la ejecución de la política de compras y logística integral desarrollada por los centros del Servicio Andaluz de Salud.

d) La definición de las estructuras integradas para la contratación de obras, bienes y servicios, para todos los centros sanitarios del Sistema Sanitario Público de Andalucía de cada provincia, así como la definición de la estructura central para la coordinación de las estructuras provinciales y para la contratación de las obras, bienes o servicios que se consideren oportunos, de ámbito superior al provincial.

7. No es competencia de la Consejería de Salud (actualmente Sanidad, Presidencia y Emergencias) de la Junta de Andalucía:

a) El establecimiento de normas y criterios de actuación en cuanto a la acreditación de centros y servicios sanitarios.

b) La autorización de instalación, modificación, traslado y cierre de los centros, servicios y establecimientos sanitarios y sociosanitarios, si procede, y el cuidado de su registro, catalogación y acreditación, en su caso.

c) La aprobación de la estructura del Servicio Andaluz de Salud.

d) La supervisión, control, inspección y evaluación de los servicios, centros y establecimientos sanitarios.

8. Es competencia de la Consejería de Salud (actualmente Sanidad, Presidencia y Emergencias) de la Junta de Andalucía:

a) La fijación de los criterios, directrices y prioridades de la política de protección de la salud y de asistencia sanitaria.

b) La aprobación de la organización, composición y funciones del Consejo Andaluz de Salud.

c) La creación de las áreas de salud, así como la aprobación y modificación de sus límites territoriales.

d) La coordinación general de la prestación farmacéutica.

9. ¿Cuál es el órgano que tiene por misión asesorar a la titular de la Consejería de Salud (actualmente Sanidad, Presidencia y Emergencias) en las implicaciones sociales, económicas, éticas, científicas, y jurídicas de todos los aspectos relacionados con la sanidad andaluza, estando formado por profesionales de reconocido prestigio en estas áreas y con amplia experiencia personal y profesional?

a) El Consejo Andaluz de Salud.

b) El Comité Asesor de Salud.

c) El Consejo Asesor de Salud.

d) La Comisión Asesora de Salud.

10. La dirección, ejecución y evaluación de las políticas de acreditación y certificación de calidad en el ámbito de competencias de la Consejería de Sanidad, Presidencia y Emergencias, en coordinación con las sociedades científicas y los colegios profesionales, corresponde (Decreto168/2025):

a) A la Secretaría General de Formación y Calidad.

b) A la Secretaría General Técnica de Sanidad y Consumo.

c) A la Dirección General de Salud Pública y Ordenación Farmacéutica.

d) A la Secretaría General de Innovación, Investigación y Salud Digital.

11. Conforme al Decreto 168/2025, de 5 de noviembre, el control, en el ámbito de las competencias de la Comunidad Autónoma de Andalucía, de la publicidad y propaganda comercial de los medicamentos de uso humano y productos sanitarios, productos, actividades o servicios con pretendida finalidad sanitaria y aquellos otros sometidos a reglamentaciones técnico-sanitarias, corresponde a:

a) La Dirección General de Consumo.

b) La Dirección General de Salud Pública y Ordenación Farmacéutica.

c) La Secretaría General Técnica.

d) La Dirección General de Cuidados Sociosanitarios.

12. Conforme a lo dispuesto en el Decreto 168/2025, no es una función de la Dirección General de Cuidado, Atención Sociosanitaria, Salud Mental y Adicciones de la Consejería de Sanidad, Presidencia y Emergencias:

a) La gestión y coordinación de los cuidados, desarrollando modelos de cuidados centrados en la persona y que faciliten la coordinación de los equipos multidisciplinares.

b) La promoción del desarrollo de estrategias de apoyo a la recuperación y transiciones al alta en personas con necesidades de cuidados intermedios.

c) La gestión de los recursos humanos dependientes de la Consejería, sin perjuicio de la jefatura superior de estos por parte de la persona titular de la Viceconsejería de Sanidad.

d) El seguimiento y evaluación de la atención sanitaria y social del programa de crónicos y pluripatológicos de Andalucía, así como a las personas en situación de dependencia que permita la permanencia en su contexto familiar.

13. Señala la respuesta incorrecta respecto a las Delegaciones Territoriales de la Consejería de Sanidad, Presidencia y Emergencias:

a) El Delegado territorial de la Consejería de Sanidad, Presidencia y Emergencias es nombrado y separado mediante Decreto del Consejo de Gobierno, a propuesta de la persona titular de la Presidencia de la Junta de Andalucía.

b) La persona titular de la Delegación territorial ostenta la representación institucional de la Consejería en su respectivo ámbito territorial y ejerce la dirección, coordinación y control inmediato de los servicios periféricos asignados.

c) Les corresponde ejercer la jefatura de todo el personal de la Delegación y las competencias de administración y gestión ordinarias del mismo que expresamente se le deleguen.

d) En cada Delegación territorial se integra la correspondiente Intervención Provincial del Servicio Andaluz de Salud.

14. Conforme a lo dispuesto en el Decreto 168/2025, no forma parte de la estructura directiva central de la Consejería de Sanidad, Presidencia y Emergencias:

a) La Dirección General de Salud Pública y Ordenación Farmacéutica.

b) La Secretaría General de Salud Pública e I+D+i en Salud.

c) La Dirección General de Comunicación Social.

d) La Secretaría General Técnica de Sanidad y Consumo.

15. La definición y coordinación de las políticas intersectoriales de la Consejería de Sanidad, Presidencia y Emergencias le corresponde (Decreto 168/2025):

a) A la Viceconsejería de Sanidad y Consumo.

b) A la Secretaría General Técnica de Sanidad y Consumo.

c) A la Dirección General de Consumo.

d) A la Dirección General de Comunicación.

16. Según lo que determina el Decreto 168/2025, la elaboración del anteproyecto del presupuesto de la Consejería de Sanidad, Presidencia y Emergencias le corresponde a:

a) La Viceconsejería de Sanidad.
b) La Secretaría General Técnica.
c) La Secretaría General de Salud Pública.
d) La Secretaría General Técnica de Sanidad y Consumo.

17. Según lo que determina el Decreto 168/2025, la planificación estratégica de los programas de formación continuada de los profesionales del Sistema Sanitario Público de Andalucía, en el marco definido por las políticas de calidad y acreditación de competencias, es una competencia propia de:

a) La Viceconsejería de Sanidad y Consumo.
b) La Secretaría General de Familias.
c) La Secretaría General de Innovación, Investigación y Salud Digital.
d) La Secretaría General Técnica de Sanidad y Consumo.

18. Conforme al Decreto 168/2025, de 5 de noviembre, el control y seguimiento del inventario general de las obras, equipamientos e instalaciones de la Consejería de Sanidad, Presidencia y Emergencias, en su ámbito competencial es una función propia de:

a) La Secretaría General Técnica de Sanidad y Consumo.
b) La Secretaría General de Innovación, Investigación y Salud Digital.
c) La Viceconsejería de Sanidad y Consumo.
d) La Secretaría General de Planificación Asistencial y Consumo.

19. Conforme al Decreto 168/2025, la vigilancia del estado de salud de la población de Andalucía es una competencia propia de:

a) La Secretaría General de Investigación, Innovación y Salud Digital.
b) La Dirección General de Salud Pública y Ordenación Farmacéutica.
c) La Secretaría General de Humanización, Calidad y Planificación Asistencial.
d) La Viceconsejería de Sanidad y Consumo.

20. Según lo dispuesto en el Decreto 168/2025, no es una función de la Secretaría General Técnica de Sanidad y Consumo:

a) Las competencias que corresponden a la Comunidad Autónoma de Andalucía en materia de productos sanitarios.
b) La coordinación de las tareas necesarias para el cumplimiento de la legislación vigente en materia de protección de datos.

c) La tramitación e informe y, en su caso, colaboración en la preparación de disposiciones generales de la Consejería en su ámbito competencial.

d) Las funciones generales de registro y archivo central.

En MADTEST tienes **más preguntas de este tema**, y todos tus avances quedan registrados y se reflejan en el ranking.

¡Supera tus límites con MADTEST!

Soluciones comentadas

1. b) La persona titular de la Dirección Gerencia del SAS.

La persona titular de la Dirección Gerencia del SAS ostenta la representación legal del organismo.

El artículo 20 del Decreto 168/2025 establece que a la misma le corresponde:

d) Ser la jefatura superior del personal adscrito al Servicio Andaluz de Salud, incluyendo el nombramiento y contratación de puestos directivos.

2. d) La participación en el diseño y elaboración de los Mapas Sanitarios de Andalucía y del Mapa de Urgencias y Emergencias Sanitarias.

Según el artículo 21. d) del Decreto 168/2025, de 5 de noviembre, por el que se establece la estructura orgánica de la Consejería de Sanidad, Presidencia y Emergencias, que dispone que:

– "A la persona titular de la Dirección General de Asistencia Sanitaria y Resultados en Salud le corresponden las atribuciones previstas en el artículo 30 de la Ley 9/2007, de 22 de octubre y, en especial, las siguientes:

a) La dirección y gestión de la actividad asistencial de calidad, garantizando los derechos sanitarios de la ciudadanía, impulsando la mejora sanitaria de los resultados en salud.

b) La planificación y coordinación general de las estrategias y planes asistenciales específicos del Servicio Andaluz de Salud, así como la implementación, coordinación, seguimiento y evaluación de los planes integrales y sectoriales de carácter asistencial en el ámbito del Servicio Andaluz de Salud, en el marco de la planificación general de la Consejería.

c) La ejecución, evaluación y seguimiento de la Estrategia de Cuidados.

d) La participación en el diseño y elaboración de los Mapas Sanitarios de Andalucía y del Mapa de Urgencias y Emergencias Sanitarias."

3. d) Agencia administrativa.

Según el artículo 19 del Decreto 168/20025, de 5 de noviembre, por el que se establece la estructura orgánica de la Consejería de Sanidad, Presidencia y Emergencias: "1. El Servicio Andaluz de Salud es una Agencia Administrativa de las previstas en el artículo 65 de la Ley 9/2007, de 22 de octubre, que se adscribe a la Consejería de Sanidad, Presidencia y Emergencias."

4. b) Establecer las medidas que promuevan la adaptación organizacional y la gestión del cambio ante nuevas tecnologías, asegurando el respaldo de los usuarios.

Conforme al artículo 24 ñ) del Decreto 168/20025, de 5 de noviembre, por el que se establece la estructura orgánica de la Consejería de Sanidad, Presidencia y Emergencias, que dispone que:

– "A la persona titular de la Dirección General de Tecnologías de la Información y Comunicaciones le corresponden las atribuciones previstas en el artículo 30 de la Ley 9/2007, de 22 de octubre y, en especial, las siguientes, que serán ejercidas sin perjuicio de las competencias de la Agencia Digital de Andalucía y en coordinación con la misma:

  ñ) Establecer las medidas que promuevan la adaptación organizacional y la gestión del cambio ante nuevas tecnologías, asegurando el respaldo de los usuarios"

5. b) El Decreto 168/2025, de 5 de noviembre.

Decreto 168/20025, de 5 de noviembre, por el que se establece la estructura orgánica de la Consejería de Sanidad, Presidencia y Emergencias (BOJA extraordinario núm. 13, de 05/11/2025)

6. a) El análisis, seguimiento, evaluación y control de las diferentes líneas de gastos del personal adscrito al Servicio Andaluz de Salud.

Según el artículo 22 del Decreto 168/20025, de 5 de noviembre, por el que se establece la estructura orgánica de la Consejería de Sanidad, Presidencia y Emergencias, que dispone que: "A la persona titular de la Dirección General de Gestión Económica y Servicios le corresponden las atribuciones previstas en el artículo 30 de la Ley 9/2007, de 22 de octubre, y, en especial, las siguientes: a) La definición, dirección, coordinación, ejecución, seguimiento y evaluación de la política presupuestaria del Servicio Andaluz de Salud, así como la elaboración de la propuesta de anteproyecto de presupuesto y asignación de los créditos autorizados a los centros de gasto, y gestión de los derechos de contenido económico. b) La propuesta, implantación, seguimiento y evaluación de los criterios de distribución de la financiación en los centros del Servicio Andaluz de Salud. c) La dirección, coordinación y seguimiento y evaluación de la ejecución de la política de compras y logística integral desarrollada por los centros del Servicio Andaluz de Salud y su coordinación específica con la entidad adscrita al mismo. d) La definición de las estructuras integradas para la contratación de obras, bienes y servicios, para todos los centros sanitarios del Sistema Sanitario Público de Andalucía de cada provincia, así como la definición de la estructura central para la coordinación de las estructuras provinciales y para la contratación de las obras, bienes o servicios que se consideren oportunos, de ámbito superior al provincial.

El apartado j) le atribuye … El análisis, seguimiento, evaluación y control de los costes y de las diferentes *líneas de gasto en la gestión económica, presupuestaria y/o financiera.* (no gastos de personal).

7. c) La aprobación de la estructura del Servicio Andaluz de Salud.

Según determina el artículo 61.8 de la Ley de Salud de Andalucía es competencia del Consejo de Gobierno de la Junta de Andalucía la aprobación de la estructura del Servicio Andaluz de Salud.

8. d) La coordinación general de la prestación farmacéutica.

Conforme a lo dispuesto en el artículo 62 de la misma Ley de Salud de Andalucía, corresponden a la Consejería de Salud las siguientes competencias:

l) La coordinación general de las prestaciones, incluida la prestación farmacéutica, así como la supervisión, Inspección y evaluación de las mismas.

9. c) El Consejo Asesor de Salud.

Como órgano de asesoramiento directo a la Consejera de Salud, existe el Consejo Asesor de Salud de Andalucía, creado por Decreto 121/1997, de 22 de abril, cuya misión es asesorar a la titular de la Consejería en las implicaciones sociales, económicas, éticas, científicas, y jurídicas de todos los aspectos relacionados con la sanidad andaluza, estando formado por profesionales de reconocido prestigio en estas áreas y con amplia experiencia personal y profesional.

10. d) A la Secretaría General de Innovación, Investigación y Salud Digital

A la Secretaría General de Investigación, Innovación y Salud Digital, cuya persona titular tendrá rango de Viceconsejero o Viceconsejera, le corresponden las atribuciones previstas en el artículo 28 de la Ley 9/2007, de 22 de octubre, y, en particular, las siguientes funciones (art. 9 Decreto 168/2025):

j) La dirección, ejecución y evaluación de las políticas de acreditación y certificación de calidad en el ámbito de competencias de la Consejería en coordinación con las sociedades científicas y los colegios profesionales.

11. b) La Dirección General de Salud Pública y Ordenación Farmacéutica.

A la persona titular de la Dirección General de Salud Pública y Ordenación Farmacéutica le corresponden las atribuciones previstas en el artículo 30 de la Ley 9/2007, de 22 de octubre, y, en especial, las siguientes funciones (art. 16 Decreto 168/20025):

l) El control, en el ámbito de las competencias de la Comunidad Autónoma de Andalucía, de la publicidad y propaganda comercial de los medicamentos de uso humano y productos sanitarios, productos, actividades o servicios con pretendida finalidad sanitaria y aquellos otros sometidos a reglamentaciones técnico sanitarias.

12. c) La gestión de los recursos humanos dependientes de la Consejería, sin perjuicio de la jefatura superior de estos por parte de la persona titular de la Viceconsejería de Sanidad.

A la persona titular de la Secretaría General Técnica de Sanidad y Consumo le corresponden las atribuciones previstas en el artículo 29 de la Ley 9/2007, de 22 de octubre y, en particular, las siguientes (art. 12 Decreto 168/2025):

b) La gestión de personal, sin perjuicio de las facultades de jefatura superior de personal que ostenta la persona titular de la Viceconsejería.

13. a) El Delegado territorial de la Consejería de Sanidad, Presidencia y Emergencias es nombrado y separado mediante Decreto del Consejo de Gobierno, a propuesta de la persona titular de la Presidencia de la Junta de Andalucía.

El Delegado territorial de la Consejería de Sanidad, Presidencia y Emergencias es nombrado y separado mediante Decreto del Consejo de Gobierno, a propuesta de la persona titular de la Consejería competente. (Art. 38 Ley 9/2007, de 22 de octubre)

14. b) La Secretaría General de Salud Pública e I+D+i en Salud.

Artículo 2 del Decreto 168/2025. Organización general de la Consejería.

1. De acuerdo con lo previsto en los artículos 24 y 25 de la Ley 9/2007, de 22 de octubre, la Consejería de Sanidad, Presidencia y Emergencias, se estructura, bajo la superior dirección de su titular, en los siguientes órganos:

A) Órganos directivos

a) Centrales, con el siguiente orden de prelación:

– Viceconsejería de Presidencia.

– Viceconsejería de Sanidad y Consumo.

– Secretaría General de la Presidencia.

– Secretaría General de Interior.

– Secretaría General de Relaciones con el Parlamento.

– Secretaría General de Investigación, Innovación y Salud Digital.

– Secretaría General de Humanización, Calidad y Planificación Asistencial.

– Secretaría General Técnica de Presidencia.

– Secretaría General Técnica de Sanidad y Consumo.

– Gabinete Jurídico de la Junta de Andalucía.

– Dirección General de Comunicación Social.

– Dirección General de Comunicación.

– Dirección General de Salud Pública y Ordenación Farmacéutica.

– Dirección General de Cuidados, Atención Sociosanitaria, Salud Mental y Adicciones.

– Dirección General de Consumo.

15. a) A la Viceconsejería de Sanidad y Consumo.

Corresponden a la Viceconsejería de Sanidad y Consumo las siguientes funciones (art. 5 Decreto 168/2025):

a) La definición y coordinación de las políticas intersectoriales de la Consejería.

16. d) La Secretaría General Técnica de Sanidad y Consumo

A la persona titular de la Secretaría General Técnica le corresponden las atribuciones previstas en el artículo 29 de la Ley 9/2007, de 22 de octubre y, en particular, las siguientes (art. 12 Decreto 168/2025):

c) La elaboración del anteproyecto del presupuesto de la Consejería y el seguimiento de su ejecución.

17. c) La Secretaría General de Innovación, Investigación y Salud Digital.

A la Secretaría General de Investigación, Innovación y Salud Digital, cuya persona titular tendrá rango de Viceconsejero o Viceconsejera, le corresponden las atribuciones previstas en el artículo 28 de la Ley 9/2007, de 22 de octubre, y, en particular, las siguientes funciones (art. 9 Decreto 168/2025):

p) La planificación estratégica de los programas de formación continuada de profesionales del Sistema Sanitario Público de Andalucía, en el marco definido por las políticas de calidad y acreditación de competencias.

18. a) La Secretaría General Técnica de Sanidad y Consumo.

A la persona titular de la Secretaría General Técnica de Sanidad y Consumo le corresponden las atribuciones previstas en el artículo 29 de la Ley 9/2007, de 22 de octubre y, en particular, las siguientes (art. 12 Decreto 168/2025):

l) El control y seguimiento del inventario general de las obras, equipamientos e instalaciones de la Consejería, en su ámbito competencial

19. b) La Dirección General de Salud Pública y Ordenación Farmacéutica.

A la persona titular de la Dirección General de Salud Pública y Ordenación Farmacéutica le corresponden las atribuciones previstas en el artículo 30 de la Ley 9/2007, de 22 de octubre, y, en especial, las siguientes funciones (art. 16 Decreto 168/2025):

a) La evaluación del estado de salud de la población de Andalucía, así como de los determinantes sociales, ambientales y comerciales de la salud.

20. a) Las competencias que corresponden a la Comunidad Autónoma de Andalucía en materia de productos sanitarios.

A la persona titular de la Dirección General de Salud Pública y Ordenación Farmacéutica le corresponden las atribuciones previstas en el artículo 30 de la Ley 9/2007, de 22 de octubre, y, en especial, las siguientes funciones (art. 16 Decreto 168/2025):

j)   Las competencias que corresponden a la Comunidad Autónoma de Andalucía en materia de productos sanitarios.

TEST N.º 5

Ley Orgánica 3/2018, de 5 de diciembre, de Protección de Datos Personales y garantía de los derechos digitales: disposiciones generales; principios de protección de datos; derechos de las personas. Ley 1/2014, de 24 de junio, de Transparencia Pública de Andalucía: principios básicos; derechos y obligaciones; la publicidad activa; el derecho de acceso a la información pública; el fomento de la transparencia

1. El tratamiento de los datos de los menores de catorce años, fundado en el consentimiento, solo será lícito si consta:

a) El consentimiento del Fiscal de Menores.
b) El consentimiento del Juez de Menores.
c) El consentimiento del titular de la patria potestad o tutela.
d) El consentimiento de cualquier familiar del menor.

2. A los efectos del artículo 9.2.a) del Reglamento (UE) 2016/679, a fin de evitar situaciones discriminatorias, el solo consentimiento del afectado no bastará para levantar la prohibición del tratamiento de datos cuya finalidad principal sea identificar su:

a) Cultura.
b) Orígenes.
c) Religión.
d) Fe.

3. La LO 3/2018, de 5 de diciembre, en su artículo 7 establece que el tratamiento de los datos personales de un menor de edad únicamente podrá fundarse en su consentimiento cuando sea mayor de:

a) Catorce años.
b) Trece años.
c) Doce años.
d) Diez años.

4. Señala la respuesta incorrecta respecto al ejercicio de los derechos en materia de protección de datos de carácter personal:

a) El encargado podrá tramitar, por cuenta del responsable, las solicitudes de ejercicio formuladas por los afectados de sus derechos si así se estableciere en el contrato o acto jurídico que les vincule.

b) Los derechos reconocidos en los artículos 15 a 22 del Reglamento (UE) 2016/679, únicamente podrán ejercerse directamente.

c) La prueba del cumplimiento del deber de responder a la solicitud de ejercicio de sus derechos formulado por el afectado recaerá sobre el responsable.

d) El responsable del tratamiento estará obligado a informar al afectado sobre los medios a su disposición para ejercer los derechos que le corresponden.

5. En materia de protección de datos de carácter personal, la prueba del cumplimiento del deber de responder a la solicitud de ejercicio de sus derechos formulado por el afectado recaerá sobre:

a) El responsable o, en su defecto, sobre el mismo afectado.

b) El afectado o, en su defecto, sobre el responsable.

c) El responsable.

d) El mismo afectado.

6. Cuando la supresión de datos derive del ejercicio del derecho de oposición con arreglo al artículo 21.2 del Reglamento (UE) 2016/679:

a) El responsable podrá conservar los datos identificativos del afectado necesarios con el fin de facilitar tratamientos futuros para fines de mercadotecnia directa o indirecta.

b) El responsable no podrá conservar los datos identificativos del afectado necesarios con el fin de impedir tratamientos futuros para fines de mercadotecnia directa o indirecta.

c) El responsable podrá conservar los datos identificativos del afectado necesarios con el fin de impedir tratamientos futuros para fines de mercadotecnia directa.

d) El responsable no podrá conservar los datos identificativos del afectado necesarios con el fin de impedir tratamientos futuros para fines de mercadotecnia directa.

7. Sin perjuicio de lo dispuesto en los artículos 12.5 y 15.3 del Reglamento (UE) 2016/679 y en los apartados 3 y 4 del artículo 13 de la Ley Orgánica 3/2018, de 5 de diciembre, las actuaciones llevadas a cabo por el responsable del tratamiento para atender las solicitudes de ejercicio de los derechos de acceso, rectificación, cancelación, oposición serán:

a) De pago.

b) De coste reducido.

c) Gratuitas.

d) Gratuitas únicamente para menores de edad y determinados colectivos contemplados en la Ley Orgánica 3/2018, de 5 de diciembre.

8. A tenor del artículo 12.3 de la Ley Orgánica 3/2018, de 5 de diciembre, el encargado:

a) Podrá tramitar, por cuenta del responsable, las solicitudes de ejercicio formuladas por los afectados de sus derechos si así se estableciere en el contrato o acto jurídico que les vincule.

b) Podrá tramitar, por cuenta del responsable, las solicitudes de ejercicio formuladas por los afectados de sus derechos solo si así se estableciere en el contrato que les vincule.

c) Podrá tramitar, por cuenta del responsable, las solicitudes de ejercicio formuladas por los afectados de sus derechos solo si así se estableciere en el acto jurídico que les vincule.

d) No podrá tramitar, por cuenta del responsable, las solicitudes de ejercicio formuladas por los afectados de sus derechos.

9. ¿Qué nombre recibe el Título I de la Ley Orgánica 3/2018, de 5 de diciembre, de Protección de Datos Personales y garantía de los derechos digitales?

a) Objeto de la ley.
b) Ámbito de aplicación.
c) Disposiciones generales.
d) Principios de protección de datos.

10. La Ley Orgánica 3/2018, de 5 de diciembre, de Protección de Datos Personales y garantía de los derechos digitales, no será de aplicación a los tratamientos sometidos a la normativa sobre protección de materias:

a) Secretas.
b) Prohibidas.
c) Privadas.
d) Clasificadas.

11. Según su artículo 2, lo dispuesto en qué títulos y artículos de la Ley Orgánica 3/2018, de 5 de diciembre, de Protección de Datos Personales y garantía de los derechos digitales, se aplicará a cualquier tratamiento total o parcialmente automatizado de datos personales, así como al tratamiento no automatizado de datos personales contenidos o destinados a ser incluidos en un fichero:

a) Lo dispuesto en los Títulos I a IX y en los artículos 70 a 85 de la Ley Orgánica 3/2018, de 5 de diciembre.

b) Lo dispuesto en los Títulos I a IX y en los artículos 89 a 94 de la Ley Orgánica 3/2018, de 5 de diciembre.

c) Lo dispuesto en los Títulos I a VIII y en los artículos 89 a 94 de la Ley Orgánica 3/2018, de 5 de diciembre.

d) Lo dispuesto en los Títulos I a VIII y en los artículos 70 a 85 de la Ley Orgánica 3/2018, de 5 de diciembre.

12. Los tratamientos a los que no sea directamente aplicable el Reglamento (UE) 2016/679 por afectar a actividades no comprendidas en el ámbito de aplicación del Derecho de la Unión Europea, se regirán por lo dispuesto en:

a) La Ley Orgánica 3/2018, de 5 de diciembre y supletoriamente por lo establecido en el citado reglamento y su legislación específica si la hubiere.

b) Lo establecido en el citado reglamento y supletoriamente por la Ley Orgánica 3/2018, de 5 de diciembre y su legislación específica si la hubiere.

c) Su legislación específica si la hubiere y supletoriamente por lo establecido en el citado reglamento y en la Ley Orgánica 3/2018, de 5 de diciembre.

d) Lo establecido en el citado reglamento y en la Ley Orgánica 3/2018, de 5 de diciembre y supletoriamente por su legislación específica si la hubiere.

13. De conformidad con lo dispuesto en el artículo 4.11 del Reglamento (UE) 2016/679, se entiende por consentimiento del afectado toda manifestación de voluntad libre, específica, informada e inequívoca por la que este acepta:

a) Mediante una probable acción afirmativa, el tratamiento de datos personales que le conciernen.

b) Necesariamente mediante una declaración el tratamiento de datos personales que le conciernen.

c) Mediante una declaración o una probable acción afirmativa, el tratamiento de datos personales que le conciernen.

d) Ya sea mediante una declaración o una clara acción afirmativa, el tratamiento de datos personales que le conciernen.

14. El artículo 10 de la Ley Orgánica 3/2018, de 5 de diciembre, de Protección de Datos Personales y garantía de los derechos digitales, regula el tratamiento de datos de naturaleza penal, disponiendo en su apartado tercero que fuera de los supuestos señalados en los apartados anteriores, los tratamientos de datos referidos a condenas e infracciones penales, así como a procedimientos y medidas cautelares y de seguridad conexas solo serán posibles cuando sean llevados a cabo por:

a) Jueces y fiscales.

b) Los Juzgados de lo Penal.

c) Abogados y procuradores.

d) Jueces y abogados.

15. Si el responsable del tratamiento de datos no da curso a la solicitud del interesado, le informará, de las razones de su no actuación y de la posibilidad de presentar una reclamación ante una autoridad de control y de ejercitar acciones judiciales, sin dilación, y a más tardar transcurrido:

a) Un mes de la recepción de la solicitud.

b) Veinte días de la recepción de la solicitud.

c) Quince días de la recepción de la solicitud.
d) Diez días de la recepción de la solicitud.

16. El registro completo de los datos referidos a condenas e infracciones penales podrá realizarse conforme con lo establecido en la regulación de:

a) El Derecho Comunitario.
b) El Sistema de registros administrativos de apoyo a la Administración de Justicia.
c) Los sistemas de información del responsable.
d) Los derechos relacionados con las decisiones individuales automatizadas.

17. ¿Qué Reglamento (UE) es objeto de adaptación por la Ley Orgánica 3/2018, de 5 de diciembre, de Protección de Datos Personales y garantía de los derechos digitales, en lo que respecta al tratamiento de sus datos personales y a la libre circulación de estos datos, y completar sus disposiciones?

a) El Reglamento (UE) 2016/679 del Parlamento Europeo y el Consejo, de 27 de abril de 2016, relativo a la protección de las personas físicas.
b) El Reglamento (UE) 2018/703 del Parlamento Europeo y el Consejo, de 1 de marzo de 2018, relativo a la protección de las personas físicas.
c) El Reglamento (UE) 2018/515 del Parlamento Europeo y el Consejo, de 7 de abril de 2018, relativo a la protección de las personas físicas.
d) El Reglamento (UE) 2019/312 del Parlamento Europeo y el Consejo, de 9 de abril de 2019, relativo a la protección de las personas físicas.

18. Señala la afirmación incorrecta:

a) Cuando se pretenda fundar el tratamiento de los datos en el consentimiento del afectado para una pluralidad de finalidades será preciso que conste de manera específica e inequívoca que dicho consentimiento se otorga para todas ellas.
b) Los responsables y encargados del tratamiento de datos, así como todas las personas que intervengan en cualquier fase de este estarán sujetas al deber de confidencialidad al que se refiere el artículo 5.1.f) del Reglamento (UE) 2016/679.
c) El tratamiento de datos personales relativos a condenas e infracciones penales, así como a procedimientos y medidas cautelares y de seguridad conexas, para fines distintos de los de prevención, investigación, detección o enjuiciamiento de infracciones penales o de ejecución de sanciones penales, solo podrá llevarse a cabo cuando se encuentre amparado en una norma con rango de ley orgánica.
d) El deber de secreto profesional se mantendrán aun cuando hubiese finalizado la relación del obligado con el responsable o encargado del tratamiento.

19. La información básica del tratamiento de datos al afectado deberá contener, al menos:

a) El motivo del tratamiento.
b) La posibilidad de ejercer los derechos establecidos en los artículos 12 a 25 del Reglamento (UE) 2018/976.

c) Si los datos obtenidos del afectado van a ser tratados para la elaboración de perfiles.

d) La identidad del responsable del tratamiento y de su representante, en su caso.

20. Según el artículo 12.6 de la LO 3/2018, los derechos de acceso, rectificación, cancelación, oposición o cualesquiera otros que pudieran corresponder en el contexto de esta Ley Orgánica, podrán ser ejercitados por los titulares de la patria potestad en nombre y representación de los menores de:

a) 18 años.

b) 16 años.

c) 15 años.

d) 14 años.

En MADTEST tienes **más preguntas de este tema**, y todos tus avances quedan registrados y se reflejan en el ranking.

¡Supera tus límites con MADTEST!

Soluciones comentadas

1. c) El consentimiento del titular de la patria potestad o tutela.

El tratamiento de los datos de los menores de catorce años, fundado en el consentimiento, solo será lícito si consta el del titular de la patria potestad o tutela, con el alcance que determinen los titulares de la patria potestad o tutela.

2. c) Religión.

En virtud del artículo 9 de la LO 3/2018, a los efectos del artículo 9.2.a) del RGPD, a fin de evitar situaciones discriminatorias, el solo consentimiento del afectado no bastará para levantar la prohibición del tratamiento de datos cuya finalidad principal sea identificar su ideología, afiliación sindical, religión, orientación sexual, creencias u origen racial o étnico.

3. a) Catorce años.

A nivel del Estado español, la LO 3/2018, en su artículo 7 establece que el tratamiento de los datos personales de un menor de edad únicamente podrá fundarse en su consentimiento cuando sea mayor de catorce años. Se exceptúan los supuestos en que la ley exija la asistencia de los titulares de la patria potestad o tutela para la celebración del acto o negocio jurídico en cuyo contexto se recaba el consentimiento para el tratamiento.

4. b) Los derechos reconocidos en los artículos 15 a 22 del Reglamento (UE) 2016/679, únicamente podrán ejercerse directamente.

En relación con el ejercicio de los derechos tratados en los apartados anteriores, el artículo 12 de la LO 3/2018 establece las siguientes disposiciones generales:

a) Los derechos reconocidos en los artículos 15 a 22 del RGPD podrán ejercerse directamente o por medio de representante legal o voluntario.

5. c) El responsable.

En relación con el ejercicio de los derechos tratados en los apartados anteriores, el artículo 12 de la LO 3/2018 establece las siguientes disposiciones generales:

f) La prueba del cumplimiento del deber de responder a la solicitud de ejercicio de sus derechos formulado por el afectado recaerá sobre el responsable.

6. c) El responsable podrá conservar los datos identificativos del afectado necesarios con el fin de impedir tratamientos futuros para fines de mercadotecnia directa.

En relación con el derecho de supresión, el artículo 15 de la LO 3/2018 añade que, cuando la supresión derive del ejercicio del derecho de oposición, el responsable podrá conservar los datos identificativos del afectado necesarios con el fin de impedir tratamientos futuros para fines de mercadotecnia directa.

7. c) Gratuitas.

En relación con el ejercicio de los derechos, el artículo 12 de la LO 3/2018 establece las siguientes disposiciones generales:

i) Serán gratuitas las actuaciones llevadas a cabo por el responsable del tratamiento para atender las solicitudes de ejercicio de estos derechos, con las siguientes salvedades.

8 a) Podrá tramitar, por cuenta del responsable, las solicitudes de ejercicio formuladas por los afectados de sus derechos si así se estableciere en el contrato o acto jurídico que les vincule.

En relación con el ejercicio de los derechos, el artículo 12 de la LO 3/2018 establece las siguientes disposiciones generales:

e) El encargado podrá tramitar, por cuenta del responsable, las solicitudes de ejercicio formuladas por los afectados de sus derechos si así se estableciere en el contrato o acto jurídico que les vincule.

9. c) Disposiciones generales.

La LO 3/2018 se estructura del siguiente modo:

– Preámbulo.

– Título I. Disposiciones generales (arts. 1 a 3).

– Título II. Principios de protección de datos (arts. 4 a 10).

– Título III. Derechos de las personas (arts. 11 a 18).

 * Capítulo I. Transparencia e información.

 * Capítulo II. Ejercicio de los derechos.

– Título IV. Disposiciones aplicables a tratamientos concretos (arts. 19 a 27).

– Título V. Responsable y encargado del tratamiento (arts. 28 a 39).

 * Capítulo I. Disposiciones generales. Medidas de responsabilidad activa.

 * Capítulo II. Encargado del tratamiento.

 * Capítulo III. Delegado de protección de datos.

 * Capítulo IV. Códigos de conducta y certificación.

- Título VI. Transferencias internacionales de datos (arts. 40 a 43).

- Título VII. Autoridades de protección de datos (arts. 44 a 62).

  * Capítulo I. La Agencia Española de Protección de Datos.

  * Capítulo II. Autoridades autonómicas de protección de datos.

- Título VIII. Procedimientos en caso de posible vulneración de la normativa de protección de datos (arts. 63 a 69).

- Título IX. Régimen sancionador (arts. 70 a 78).

- Título X. Garantía de los derechos digitales (arts. 79 a 97).

- 23 Disposiciones Adicionales.

- 6 Disposiciones Transitorias.

- 1 Disposición Derogatoria.

- 16 Disposiciones Finales.

10. d) Clasificadas.

Lo dispuesto en los Títulos I a IX y en los artículos 89 a 94 de la LO 3/2018 se aplica a cualquier tratamiento total o parcialmente automatizado de datos personales, así como al tratamiento no automatizado de datos personales contenidos o destinados a ser incluidos en un fichero.

Esta ley orgánica no será de aplicación:

a) A los tratamientos excluidos del ámbito del RGPD.

b) A los tratamientos de datos de personas fallecidas.

c) A los tratamientos sometidos a la normativa sobre protección de materias clasificadas.

11. b) Lo dispuesto en los Títulos I a IX y en los artículos 89 a 94 de la Ley Orgánica 3/2018, de 5 de diciembre.

Lo dispuesto en los Títulos I a IX y en los artículos 89 a 94 de la LO 3/2018 se aplica a cualquier tratamiento total o parcialmente automatizado de datos personales, así como al tratamiento no automatizado de datos personales contenidos o destinados a ser incluidos en un fichero.

Esta ley orgánica no será de aplicación:

a) A los tratamientos excluidos del ámbito del RGPD.

b) A los tratamientos de datos de personas fallecidas.

c) A los tratamientos sometidos a la normativa sobre protección de materias clasificadas.

12. c) Su legislación específica si la hubiere y supletoriamente por lo establecido en el citado reglamento y en la Ley Orgánica 3/2018, de 5 de diciembre.

Los tratamientos a los que no sea directamente aplicable el RGPD por afectar a actividades no comprendidas en el ámbito de aplicación del Derecho de la Unión Europea, se regirán por lo dispuesto en su legislación específica si la hubiere y supletoriamente por lo establecido en el citado RGPD y en la LO 3/2018. Se encuentran en esta situación, entre otros:

- Los tratamientos realizados al amparo de la legislación orgánica del régimen electoral general.

- Los tratamientos realizados en el ámbito de instituciones penitenciarias.

- Los tratamientos derivados del Registro Civil, los Registros de la Propiedad y Mercantiles.

13. d) Ya sea mediante una declaración o una clara acción afirmativa, el tratamiento de datos personales que le conciernen.

De conformidad con lo dispuesto en el artículo 4.11 del RGPD, se entiende por consentimiento del afectado toda manifestación de voluntad libre, específica, informada e inequívoca por la que este acepta, ya sea mediante una declaración o una clara acción afirmativa, el tratamiento de datos personales que le conciernen.

14. c) Abogados y procuradores.

Según el artículo 10 de la LO 3/2018:

1. El tratamiento de datos personales relativos a condenas e infracciones penales, así como a procedimientos y medidas cautelares y de seguridad conexas, para fines distintos de los de prevención, investigación, detección o enjuiciamiento de infracciones penales o de ejecución de sanciones penales, solo podrá llevarse a cabo cuando se encuentre amparado en una norma de Derecho de la Unión, en esta ley orgánica o en otras normas de rango legal.

2. El registro completo de los datos referidos a condenas e infracciones penales, así como a procedimientos y medidas cautelares y de seguridad conexas a que se refiere el artículo 10 del Reglamento (UE) 2016/679, podrá realizarse conforme con lo establecido en la regulación del Sistema de registros administrativos de apoyo a la Administración de Justicia.

3. Fuera de los supuestos señalados en los apartados anteriores, los tratamientos de datos referidos a condenas e infracciones penales, así como a procedimientos y medidas cautelares y de seguridad conexas solo serán posibles cuando sean llevados a cabo por abogados y procuradores y tengan por objeto recoger la información facilitada por sus clientes para el ejercicio de sus funciones.

15. a) Un mes de la recepción de la solicitud.

Si el responsable del tratamiento no da curso a la solicitud del interesado, le informará sin dilación, y a más tardar transcurrido un mes de la recepción de la solicitud, de las razones de su no actuación y de la posibilidad de presentar una reclamación ante una autoridad de control y de ejercitar acciones judiciales.

16. b) El Sistema de registros administrativos de apoyo a la Administración de Justicia.

Solo podrá llevarse un registro completo de condenas penales bajo el control de las autoridades públicas.

El registro completo de los datos referidos a condenas e infracciones penales, así como a procedimientos y medidas cautelares y de seguridad conexas a que se refiere el artículo 10 del RGPD, podrá realizarse conforme con lo establecido en la regulación del Sistema de registros administrativos de apoyo a la Administración de Justicia.

17. a) El Reglamento (UE) 2016/679 del Parlamento Europeo y el Consejo, de 27 de abril de 2016, relativo a la protección de las personas físicas.

El 25 de mayo de 2016 entró en vigor el Reglamento (UE) 2016/679 del Parlamento Europeo y del Consejo, de 27 de abril de 2016 relativo a la protección de las personas físicas en lo que respecta al tratamiento de sus datos personales y a la libre circulación de estos datos y por el que se deroga la Directiva 95/46/CE, aunque no comenzó a aplicarse hasta dos años después, el 25 de mayo de 2018.

18. c) El tratamiento de datos personales relativos a condenas e infracciones penales, así como a procedimientos y medidas cautelares y de seguridad conexas, para fines distintos de los de prevención, investigación, detección o enjuiciamiento de infracciones penales o de ejecución de sanciones penales, solo podrá llevarse a cabo cuando se encuentre amparado en una norma con rango de ley orgánica.

Según el artículo 10.1 de la LO 3/2018, el tratamiento de datos personales relativos a condenas e infracciones penales, así como a procedimientos y medidas cautelares y de seguridad conexas, para fines distintos de los de prevención, investigación, detección o enjuiciamiento de infracciones penales o de ejecución de sanciones penales, solo podrá llevarse a cabo cuando se encuentre amparado en una norma de Derecho de la Unión, en esta ley orgánica 3/2018 o en otras normas de rango legal.

19. d) La identidad del responsable del tratamiento y de su representante, en su caso.

En relación con la información a facilitar cuando los datos personales se hayan obtenido del interesado, el artículo 11 (puntos 1 y 2) de la LO 3/2018, establece que el responsable del tratamiento podrá dar cumplimiento al deber de información establecido en el artículo 13 del RGPD facilitando al afectado la información básica e indicándole una dirección electrónica u otro medio que permita acceder de forma sencilla e inmediata a la restante información.

La información básica a la que se refiere el párrafo anterior deberá contener, al menos:

a) La identidad del responsable del tratamiento y de su representante, en su caso.

b) La finalidad del tratamiento.

c) La posibilidad de ejercer los derechos establecidos en los artículos 15 a 22 del RGPD, antes relacionados.

20. d) 14 años.

En relación con el ejercicio de los derechos tratados en los apartados anteriores, el artículo 12 de la LO 3/2018 establece las siguientes disposiciones generales:

6. En cualquier caso, los titulares de la patria potestad podrán ejercitar en nombre y representación de los menores de catorce años los derechos de acceso, rectificación, cancelación, oposición o cualesquiera otros que pudieran corresponderles en el contexto de la presente ley orgánica.

TEST N.º 6

Prevención de Riesgos Laborales. Ley 31/1995, de 8 de noviembre, de Prevención de Riesgos Laborales: derechos y obligaciones; consulta y participación de los trabajadores. Organización de la prevención de riesgos laborales en el Servicio Andaluz de Salud: las Unidades de Prevención en los Centros Asistenciales del Servicio Andaluz de Salud

1. En las relaciones de trabajo a través de empresas de trabajo temporal quién será responsable de las condiciones de ejecución del trabajo en todo lo relacionado con la protección de la seguridad y la salud de los trabajadores:

a) La empresa usuaria.
b) Los representantes de los trabajadores.
c) La empresa de trabajo temporal.
d) La Administración pública.

2. La Ley 31/1995 y sus normas de desarrollo son de aplicación:

a) A los servicios operativos de protección civil y peritaje forense en los casos de grave riesgo, catástrofe y calamidad pública.
b) A la Policía, seguridad y resguardo aduanero.
c) A las relaciones laborales reguladas en el Texto Refundido de la Ley del Estatuto de los Trabajadores.
d) A las Fuerzas Armadas y actividades militares de la Guardia Civil.

3. ¿De qué nivel de protección en materia de seguridad y salud deberán disfrutar los trabajadores con relaciones de trabajo temporales o de duración determinada, así como los contratados por empresas de trabajo temporal?

a) De mayor nivel de protección que los restantes trabajadores de la empresa en la que prestan sus servicios.
b) Del mismo nivel de protección que los restantes trabajadores de la empresa en la que prestan sus servicios.

c) De menor nivel de protección que los restantes trabajadores de la empresa en la que prestan sus servicios.

d) Ninguna respuesta es correcta.

4. Cualquier trabajador que se encuentre total o parcialmente en una zona peligrosa, define el concepto de:

a) Trabajador en peligro.
b) Trabajador expuesto.
c) Trabajador en riesgo.
d) Trabajador imprudente.

5. La duración del descanso semanal de los menores de dieciocho años será, como mínimo, de:

a) Treinta y seis horas ininterrumpidas.
b) Cuarenta horas ininterrumpidas.
c) Dos días ininterrumpidos.
d) Tres días ininterrumpidos.

6. ¿Cuántos delegados de Prevención deberá de haber en una empresa con 80 trabajadores?

a) 2.
b) 3.
c) 1.
d) Ninguno.

7. ¿En qué empresas el Delegado de Prevención será el Delegado de Personal?

a) En las empresas de hasta treinta trabajadores.
b) En las empresas de hasta cuarenta trabajadores.
c) En las empresas de hasta cuarenta y nueve trabajadores.
d) En las empresas de hasta cincuenta trabajadores.

8. Señala la respuesta incorrecta:

a) En las empresas que no cuenten con Comité de Seguridad y Salud por no alcanzar el número mínimo de trabajadores establecido al efecto, las competencias atribuidas a aquel serán ejercidas por los Delegados de Prevención.

b) Los trabajadores tienen derecho a participar en la empresa en las cuestiones relacionadas con la prevención de riesgos en el trabajo.

c) En las empresas de treinta y uno a cincuenta trabajadores habrá un Delegado de Prevención que será elegido por y entre los Delegados de Personal.

d) Una de las competencias de los Delegados de Prevención es colaborar con la dirección de la empresa en la mejora de la acción preventiva.

9. Los Delegados de Prevención en las empresas privadas con hasta cien trabajadores dispondrán de un crédito de horas mensuales retribuidas para el ejercicio de sus funciones de representación de:

a) Diez horas.
b) Quince horas.
c) Veinte horas.
d) Veinticinco horas.

10. Los Delegados de Prevención, como representantes legales de los funcionarios dispondrán en el ejercicio de su función representativa de un crédito de horas mensuales dentro de la jornada de trabajo y retribuidas como de trabajo efectivo, que en el caso de centros de trabajo con 200 funcionarios será de:

a) 15 horas.
b) 20 horas.
c) 25 horas.
d) 30 horas.

11. Se constituirá un Comité de Seguridad y Salud:

a) En todas las empresas o centros de trabajo.
b) En todas las empresas o centros de trabajo que cuenten con 50 o más trabajadores.
c) En todas las empresas o centros de trabajo que cuenten con 49 o más trabajadores.
d) En todas las empresas o centros de trabajo que cuenten con 30 o más trabajadores.

12. ¿Con qué periodicidad se reúne el Comité de Seguridad y Salud?

a) Semestralmente y siempre que lo solicite alguna de las representaciones en el mismo.
b) Trimestralmente y siempre que lo solicite alguna de las representaciones en el mismo.
c) Cada dos meses y siempre que lo solicite alguna de las representaciones en el mismo.
d) Todos los meses y siempre que lo solicite alguna de las representaciones en el mismo.

13. Las empresas que cuenten con varios centros de trabajo dotados de Comité de Seguridad y Salud podrán acordar con sus trabajadores la creación de un:

a) Comisión de Centros.
b) Consejo de Centros.
c) Comité Multicentros.
d) Comité Intercentros.

14. ¿A quién le corresponden en el ámbito del SAS las funciones y responsabilidades relativas al control general de la política de prevención y aplicación del Plan de prevención?

a) A la persona titular de la Consejería con competencias en materia de sanidad.
b) A la persona titular de la Dirección Gerencia del Servicio Andaluz de Salud.

c) A la persona titular de la Dirección General de Personal.
d) A la persona titular de la Subdirección de Personal.

15. ¿A quién corresponde, en el ámbito de los Servicios de Apoyo, velar por que en los centros de trabajo del Servicio Andaluz de Salud exista el correspondiente Libro de Visitas en el que los funcionarios de la Inspección de Trabajo y Seguridad Social extenderán diligencia de su actuación en su caso?

a) A la persona titular de la Consejería con competencias en materia de sanidad.
b) A la persona titular de la Dirección Gerencia del Servicio Andaluz de Salud.
c) A la persona titular de la Dirección General de Personal.
d) A la persona titular de la Subdirección de Personal.

16. Aprobar mediante Orden el Plan de Prevención Riesgos Laborales de la Consejería de Sanidad, Presidencia y Emergencias, así como el de las agencias administrativas y agencias de régimen especial adscritas a dicha Consejería, es competencia de:

a) La persona titular de la Consejería de Sanidad, Presidencia y Emergencias.
b) La persona titular de la Dirección Gerencia del Servicio Andaluz de Salud.
c) La persona titular de la Dirección General de Personal.
d) La persona titular de la Subdirección de Personal.

17. Señala una de las funciones en el ámbito de los centros asistenciales de la Unidad de Coordinación de Prevención de Riesgos Laborales del SAS, en virtud del artículo 4 de la Orden de 11 de marzo de 2004 por la que se crean las Unidades de Prevención del SAS:

a) Implantar protocolos de procedimientos unificados en materia de salud laboral.
b) Elaborar y aprobar la memoria anual del Servicio Andaluz de Salud en materia de prevención de riesgos laborales.
c) Coordinar, informar y dar apoyo técnico a las Unidades de Prevención.
d) Todas las respuestas son correctas.

18. ¿A quién corresponde comunicar, cuando corresponda, y notificar los accidentes de trabajo a la autoridad laboral según establece el correspondiente procedimiento?

a) A la Jefatura Servicio de Organización y Administración Interior.
b) A la Jefatura Servicio de Gestión de Personal/Jefatura de Servicio de Régimen Económico.
c) A las Direcciones Generales del SAS.
d) A la Subdirección de Ordenación y Organización interior.

19. Velar por que los jefes de Servicio lleven a cabo las actuaciones preventivas que le afecten o competan, es una competencia de:

a) La Jefatura Servicio de Organización y Administración Interior.
b) La Jefatura Servicio de Gestión de Personal/Jefatura de Servicio de Régimen Económico.

c) Las Direcciones Generales del SAS.

d) La Subdirección de Ordenación y Organización interior.

20. A las personas empleadas públicas les corresponde:

a) Utilizar y conservar correctamente los medios y equipos de protección personal, que en su caso, les sean facilitados.

b) Cooperar con los superiores directos para garantizar unas condiciones de trabajo seguras.

c) Utilizar los Equipos de Protección Individual que se les proporcionen, de acuerdo con las instrucciones que se les suministren, en las que le indique su superior jerárquico o que se determinen en la evaluación de riesgos.

d) Todas las respuestas son correctas.

En MADTEST tienes **más preguntas de este tema**, y todos tus avances quedan registrados y se reflejan en el ranking.

¡Supera tus límites con MADTEST!

Soluciones comentadas

1. a) La empresa usuaria.

En las relaciones de trabajo a través de empresas de trabajo temporal:

- La empresa usuaria será responsable de las condiciones de ejecución del trabajo en todo lo relacionado con la protección de la seguridad y la salud de los trabajadores. Corresponderá, además, a la empresa usuaria el cumplimiento de las obligaciones en materia de información citadas anteriormente.

- La empresa de trabajo temporal será responsable del cumplimiento de las obligaciones en materia de formación y vigilancia de la salud.

2. c) A las relaciones laborales reguladas en el Texto Refundido de la Ley del Estatuto de los Trabajadores.

La Ley 31/1995 y sus normas de desarrollo son de aplicación en los siguientes ámbitos:

- Relaciones laborales reguladas en el Texto Refundido de la Ley del Estatuto de los Trabajadores.

- Relaciones de carácter administrativo o estatutario del personal al servicio de las Administraciones públicas, con las peculiaridades que se contemplan en la propia ley o en sus normas de desarrollo.

- Sociedades cooperativas, constituidas de acuerdo con la legislación que les sea de aplicación, en las que existan socios cuya actividad consista en la prestación de un trabajo personal, con las peculiaridades derivadas de su normativa específica.

3. b) Del mismo nivel de protección que los restantes trabajadores de la empresa en la que prestan sus servicios.

Los trabajadores con relaciones de trabajo temporales o de duración determinada, así como los contratados por empresas de trabajo temporal, deberán disfrutar del mismo nivel de protección en materia de seguridad y salud que los restantes trabajadores de la empresa en la que prestan sus servicios.

4. b) Trabajador expuesto.

Trabajador expuesto: cualquier trabajador que se encuentre total o parcialmente en una zona peligrosa.

5. c) Dos días ininterrumpidos.

Según el artículo 37.1 del Estatuto de los Trabajadores, la duración del descanso semanal de los menores de dieciocho años será, como mínimo, de dos días ininterrumpidos.

6. a) 2.

Los Delegados de Prevención serán designados por y entre los representantes del personal, en el ámbito de los órganos de representación previstos en las normas a que nos referimos en la introducción de este apartado, con arreglo a la siguiente escala:

– De 50 a 100 trabajadores: 2 Delegados de Prevención.

– De 101 a 500 trabajadores: 3 Delegados de Prevención.

– De 501 a 1.000 trabajadores: 4 Delegados de Prevención.

– De 1.001 a 2.000 trabajadores: 5 Delegados de Prevención.

– De 2.001 a 3.000 trabajadores: 6 Delegados de Prevención.

– De 3.001 a 4.000 trabajadores: 7 Delegados de Prevención.

– De 4.001 en adelante: 8 Delegados de Prevención.

7. a) En las empresas de hasta treinta trabajadores.

En las empresas de hasta treinta trabajadores el Delegado de Prevención será el Delegado de Personal.

8. c) En las empresas de treinta y uno a cincuenta trabajadores habrá un Delegado de Prevención que será elegido por y entre los Delegados de Personal.

En las empresas de treinta y uno a cuarenta y nueve trabajadores habrá un Delegado de Prevención que será elegido por y entre los Delegados de Personal.

9. b) Quince horas.

En las Empresas Privadas. En su condición de representantes de los trabajadores, los Delegados de Prevención tendrán las siguientes garantías:

e) Disponer de un crédito de horas mensuales retribuidas para el ejercicio de sus funciones de representación, de acuerdo con la siguiente escala:

1. Hasta cien trabajadores, quince horas.

2. De ciento uno a doscientos cincuenta trabajadores, veinte horas.

3. De doscientos cincuenta y uno a quinientos trabajadores, treinta horas.

4. De quinientos uno a setecientos cincuenta trabajadores, treinta y cinco horas.

5. De setecientos cincuenta y uno en adelante, cuarenta horas.

10. b) 20 horas.

En la Administración Pública. Los Delegados de Prevención, como representantes legales de los funcionarios, dispondrán en el ejercicio de su función representativa de las siguientes garantías y derechos:

d) Un crédito de horas mensuales dentro de la jornada de trabajo y retribuidas como de trabajo efectivo, de acuerdo con la siguiente escala:

    – Hasta 100 funcionarios: 15.

    – De 101 a 250 funcionarios: 20.

    – De 251 a 500 funcionarios: 30.

    – De 501 a 750 funcionarios: 35.

    – De 751 en adelante: 40.

11. b) En todas las empresas o centros de trabajo que cuenten con 50 o más trabajadores.

Se constituirá un Comité de Seguridad y Salud en todas las empresas o centros de trabajo que cuenten con 50 o más trabajadores.

12. b) Trimestralmente y siempre que lo solicite alguna de las representaciones en el mismo.

El Comité de Seguridad y Salud se reunirá trimestralmente y siempre que lo solicite alguna de las representaciones en el mismo. El Comité adoptará sus propias normas de funcionamiento.

13. d) Comité Intercentros.

Las empresas que cuenten con varios centros de trabajo dotados de Comité de Seguridad y Salud podrán acordar con sus trabajadores la creación de un Comité Intercentros, con las funciones que el acuerdo le atribuya.

14. b) A la persona titular de la Dirección Gerencia del Servicio Andaluz de Salud.

Director Gerente del Servicio Andaluz de Salud:

Le corresponden en el ámbito del SAS las funciones y responsabilidades relativas al control general de la política de prevención y aplicación del Plan de prevención. Para lo cual, dictará las instrucciones oportunas de acuerdo con el contenido de este Plan.

15. c) A la persona titular de la Dirección General de Personal.

Dirección General de Personal

Le corresponde en el ámbito de los Servicios de Apoyo (Órganos superiores de dirección y gestión del SAS):

k) Velar por que en los centros de trabajo del Servicio Andaluz de Salud exista el correspondiente Libro de Visitas en el que los funcionarios de la Inspección de Trabajo y Seguridad Social extenderán diligencia de su actuación en su caso.

16. a) La persona titular de la Consejería de Sanidad, Presidencia y Emergencias.

Titular de la Consejería Sanidad, Presidencia y Emergencias:

– Le corresponde aprobar mediante Orden el Plan de Prevención Riesgos Laborales de su propia Consejería, así como el de las agencias administrativas y agencias de régimen especial adscritas a su Consejería.

17. d) Todas las respuestas son correctas.

En virtud del artículo 4 de la Orden de 11 de marzo de 2004 por la que se crean las Unidades de Prevención del SAS, en el ámbito de los centros asistenciales, las funciones de la Unidad de Coordinación son las siguientes:

a) Conocer y, si resulta preciso por las características que concurran, informar sobre el mapa de riesgos del ámbito de la Comunidad Autónoma.

b) Intervenir en la elaboración de los planes y programas de prevención que se estimen convenientes, así como en la propuesta de planes de formación adecuados en materia preventiva.

c) Implantar protocolos de procedimientos unificados en materia de salud laboral.

d) Coordinar un sistema regional de información y documentación en materia de prevención de riesgos laborales.

e) Elaborar y aprobar la memoria anual del Servicio Andaluz de Salud en materia de prevención de riesgos laborales.

f) Coordinar, informar y dar apoyo técnico a las Unidades de Prevención.

g) Proponer a la Dirección General de Profesionales modificaciones en la organización de las Unidades de Prevención establecidas en el Anexo de la citada Orden.

h) Informar y solicitar a la Consejería de Salud y Consumo y a la Consejería de Empleo, Empresa y Trabajo Autónomo la información que fuera precisa sobre las actuaciones en materia de prevención de riesgos laborales a fin de conseguir la necesaria coordinación en las mismas.

18. b) A la Jefatura Servicio de Gestión de Personal/Jefatura de Servicio de Régimen Económico.

A la Jefatura Servicio de Gestión de Personal/Jefatura de Servicio de Régimen Económico le corresponde:

b) Comunicar, cuando corresponda, y notificar los accidentes de trabajo a la autoridad laboral según establece el correspondiente procedimiento.

19. c) Las Direcciones Generales del SAS.

A los Direcciones Generales del SAS les corresponde:

c) Velar por que los jefes de Servicio lleven a cabo las actuaciones preventivas que le afecten o competan.

20. d) Todas las respuestas son correctas.

A las personas empleadas públicas les corresponde:

a) Velar por su propia seguridad y salud en el trabajo y por la de los demás, cumpliendo con las medidas de prevención adoptadas, de acuerdo con la formación recibida y siguiendo las órdenes del superior jerárquico.

b) Conocer y cumplir la normativa, procedimientos e instrucciones que afecten a su trabajo, en particular a las medidas de prevención y protección.

c) Usar adecuadamente los medios con los que desarrolle su actividad.

d) Utilizar y conservar correctamente los medios y equipos de protección personal, que en su caso, les sean facilitados.

e) Comunicar a su superior jerárquico los accidentes de trabajo y enfermedades profesionales.

f) Informar de inmediato a su superior jerárquico directo y, en su caso, a la Unidad de Prevención, acerca de cualquier situación que considere que pueda presentar un riesgo para la seguridad y la salud.

g) Cooperar con los superiores directos para garantizar unas condiciones de trabajo seguras.

h) Comunicar a la Subdirección de Personal (Gestión de personal) la situación de embarazo o lactancia y aquellas en las que se les pueda considerar como especialmente sensibles a los riesgos a los que está expuesto en su puesto de trabajo.

i) Sugerir las medidas que considere oportunas en su ámbito de trabajo para mejorar la calidad, la seguridad y la eficacia del mismo, conforme al procedimiento establecido al efecto.

j) Respetar en todo momento las indicaciones realizadas por los técnicos de prevención en las evaluaciones de riesgos de sus centros y puestos de trabajo, y cualquier otra instrucción preventiva que se les entreguen.

k) Colaborar con el personal de la Unidad de Prevención de Riesgos Laborales durante sus visitas a los centros de trabajo y en las investigaciones de accidentes o incidentes y en todo aquello que sea preciso en materia de prevención de riesgos laborales.

l) Colaborar en la elaboración e implantación del plan de emergencia y evacuación en el centro de trabajo donde desarrollen su actividad.

m) Utilizar los Equipos de Protección Individual que se les proporcionen, de acuerdo con las instrucciones que se les suministren, en las que le indique su superior jerárquico o que se determinen en la evaluación de riesgos.

n) Firmar los documentos que acrediten la entrega y recepción de documentación en materia de prevención de riesgos, de los equipos de protección individual o de cualquier otro material relacionado con la seguridad y salud en el trabajo.

o) Participar en las actividades formativas o informativas en materia de prevención de riesgos laborales organizadas por el Servicio Andaluz de Salud para los diferentes puestos de trabajo con arreglo a lo dispuesto en el artículo 19 de la Ley de PRL.

p) Mantener limpio y ordenado su entorno de trabajo, localizando los equipos y materiales en los lugares asignados.

q) En general, cumplir las instrucciones recibidas en materia de prevención de sus superiores jerárquicos.

TEST N.º 7

Ley 12/2007, de 26 de noviembre, para la Promoción de la Igualdad de Género en Andalucía: objeto; ámbito de aplicación; principios generales; políticas públicas para la promoción de la igualdad de género. Ley 13/2007, de 26 de noviembre, de Medidas de Prevención y Protección Integral contra la Violencia de Género: objeto; ámbito de aplicación; principios rectores; formación a profesionales de la salud. El Plan de Igualdad de la Administración General de la Junta de Andalucía

1. El Plan de Igualdad de la Administración General de la Junta de Andalucía:

a) Ha dejado de estar vigente.
b) Es lo mismo que el Plan Estratégico para la Igualdad de Mujeres y Hombres en Andalucía.
c) Todavía no se ha aprobado.
d) Tiene vigencia entre 2023 y 2027.

2. Le corresponde el estudio, informe y propuesta de medidas relativas al ordenamiento jurídico de la Función Pública, así como la elaboración de estudios, proyectos y directrices en materia de gestión del personal que presta servicios en la Administración de la Junta de Andalucía, así como la elaboración y tramitación de las disposiciones de carácter general y de los instrumentos de colaboración, directrices, planes y programas, relativos al ámbito de sus competencias a:

a) El Presidente de la Junta.
b) La Dirección General de los Recursos Humanos y Función Pública.
c) La Dirección General Estratégica.
d) El Pleno de la Junta.

3. El equilibrio normativo en términos de igualdad de género se encuentra en:

a) En 10% y 90%.
b) En 20% y 80%.
c) En 60% y 40%.
d) En 30% y 70%.

4. Forma parte de la estructura de Gobernanza del Plan:

a) Comité Directivo.
b) Comisión Negociadora.
c) Comité Técnico.
d) Todas las respuestas anteriores son correctas.

5. Según el Plan, elabora el diagnóstico preliminar:

a) La oficina técnica del Plan.
b) El Comité técnico.
c) El Comité Directivo.
d) Son correctas las respuestas b) y c).

6. Es encargada de priorizar elementos del Plan:

a) La oficina técnica del Plan.
b) La Comisión Negociadora.
c) El Comité Directivo.
d) Son correctas las respuestas b) y c).

7. Diseñan los Objetivos Estratégicos y Líneas Estratégicas, del Plan:

a) Comité Técnico.
b) Comisión Negociadora.
c) Comité Directivo.
d) Todas las respuestas anteriores son correctas.

8. Este órgano participa en todas las fases del Plan:

a) El Comité Técnico.
b) La Comisión Negociadora.
c) El Comité Directivo.
d) La oficina técnica del Plan.

9. El Grupo de Evaluación de Políticas Públicas forma parte del:

a) Ministerio de Igualdad.
b) El Ministerio de Interior.
c) El Instituto Andaluz de Administración Pública.
d) El Instituto de la Mujer.

10. Tiene como función la de asesoramiento especializado en metodología de evaluación y elaboración de planes estratégicos:

a) El Grupo de Evaluación de Políticas Públicas.
b) La Oficina de las Buenas Prácticas.

c) La Oficina de la Mujer.
d) La Oficina de Igualdad.

11. La plantilla al servicio de la Administración General de la Junta de Andalucía actualmente:

a) Cumple con una distribución de género normativizada.
b) Está en situación de feminización.
c) Cuenta con más hombres que mujeres.
d) Cuanta con más personal joven que de edad más avanzada.

12. La plantilla al servicio de la Administración General de la Junta de Andalucía actualmente:

a) Con más personal laboral que funcionario.
b) Con más personal funcionario que laboral
c) Con el mismo personal laboral que funcionario.
d) Solo con personal funcionario.

13. En relación con la plantilla al servicio de la Administración General de la Junta de Andalucía actualmente:

a) El personal funcionario está más feminizado que el laboral.
b) El personal laboral está más feminizado que el funcionario.
c) El personal funcionario cumple con la franja normativizada.
d) El personal laboral cumple con la franja normativizada.

14. El personal eventual de la plantilla al servicio de la Administración General de la Junta de Andalucía actualmente:

a) Cuenta con muchas más mujeres que hombres.
b) Cuenta con muchos más hombres que mujeres.
c) No cuenta con hombres.
d) Cuenta prácticamente con los mismos hombres que mujeres.

15. La Administración General de la Junta de Andalucía es una Administración:

a) Joven.
b) Envejecida.
c) Muy repartida por edades.
d) De edad media.

16. La Administración General de la Junta de Andalucía es una Administración:

a) Igual de envejecida que la del Estado.
b) Igual de joven que la del Estado.

c) Menos envejecida que la del Estado.
d) Más envejecida que la del Estado.

17. La mayor parte de las mujeres que son plantilla Administración General de la Junta de Andalucía están en el grupo/subgrupo:

a) A1.
b) B1.
c) C1.
d) D1.

18. La mayor parte de los hombres que son plantilla Administración General de la Junta de Andalucía están en el grupo/subgrupo:

a) A1.
b) B1.
c) C1.
d) D1.

19. Indica cuál de las siguientes categorías está altamente feminizada:

a) Técnico/a Superior de Educación Infantil.
b) Conductor/a.
c) Jefe/a de Servicios Técnicos y/o Mantenimiento.
d) Oficial Primera Oficios.

20. Indica cuál de las siguientes categorías está altamente masculinizada:

a) Conductor/a.
b) Jefe/a de Servicios Técnicos y/o Mantenimiento.
c) Oficial Primera Oficios.
d) Todas las respuestas anteriores son correctas.

En MADTEST tienes **más preguntas de este tema**, y todos tus avances quedan registrados y se reflejan en el ranking.

¡Supera tus límites con MADTEST!

Soluciones comentadas

1. d) Tiene vigencia entre 2023 y 2027.

El plazo de 4 años es habitual en la vigencia de planes estratégicos en el ámbito de la administración pública, el plazo referido se indica tanto en la denominación como en la vigencia contenida en el mismo.

2. b) La Dirección General de los Recursos Humanos y Función Pública.

Como se recoge en el Plan "Por su parte, a la Dirección General de los Recursos Humanos y Función Pública, en adelante DGRHyFP, le corresponde el estudio, informe y propuesta de medidas relativas al ordenamiento jurídico de la Función Pública, así como la elaboración de estudios, proyectos y directrices en materia de gestión del personal que presta servicios en la Administración de la Junta de Andalucía, así como la elaboración y tramitación de las disposiciones de carácter general y de los instrumentos de colaboración, directrices, planes y programas, relativos al ámbito de sus competencias."

3. c) En 60% y 40%.

El equilibrio normativo en términos de igualdad de género se encuentra en 60% y 40%.

4. d) Todas las respuestas anteriores son correctas.

Como se explica en el Plan, los tres son órganos de Gobernanza.

5. a) La oficina técnica del Plan.

Como se explica en el Plan, participan en el mismo la oficina técnica del Plan y la Comisión Negociadora.

6. d) Son correctas las respuestas b) y c).

Como se explica en el Plan, participan tanto la Comisión Negociadora como el Comité Directivo.

7. d) Todas las respuestas anteriores son correctas.

Como se explica en el Plan, participan todos estos órganos en el diseño de los Objetivos Estratégicos y Líneas Estratégicas.

8. b) La Comisión Negociadora.

Como se explica en el Plan, participan en todas las fases la Comisión Negociadora.

9. c) El Instituto Andaluz de Administración Pública.

Como se explica en el Plan, "El Grupo de Evaluación de Políticas Públicas, perteneciente al Instituto Andaluz de Administración Pública, (IAAP) cuya función es la de asesoramiento especializado en metodología de evaluación y elaboración de planes estratégicos."

10. a) El Grupo de Evaluación de Políticas Públicas.

Como se explica en el Plan, "El Grupo de Evaluación de Políticas Públicas, perteneciente al Instituto Andaluz de Administración Pública, (IAAP) cuya función es la de asesoramiento especializado en metodología de evaluación y elaboración de planes estratégicos."

11. b) Está en situación de feminización.

Como se explica en el Plan, "La plantilla al servicio de la Administración General de la Junta de Andalucía consta de 40.720 efectivos (25.860 mujeres y 14.860 hombres). El 64% son mujeres frente al 37% de hombres, es una Administración feminizada (IPRHM=1,27)."

12. a) Con más personal laboral que funcionario.

Como se explica en el Plan, "El personal laboral asciende a un total de 20.931 personas (14.666 mujeres y 6.265 hombres), el 70% son mujeres, frente al 30% de hombres. "

13. b) El personal laboral está más feminizado que el funcionario.

Como se explica en el Plan, "El personal laboral asciende a un total de 20.931 personas (14.666 mujeres y 6.265 hombres), el 70% son mujeres, frente al 30% de hombres. Este colectivo está ampliamente feminizado (IPRHM=1,40)."

14. d) Cuenta prácticamente con los mismos hombres que mujeres.

Como se explica en el Plan, "El personal eventual, asciende a 213 personas (112 mujeres y 101 hombres), el 53% son mujeres frente al 47% de hombres, según el IPRHM=1,05, existe prácticamente paridad, si bien las mujeres pierden representatividad frente al total de la plantilla."

15. b) Envejecida.

Como se explica en el Plan, "La Administración General de la Junta de Andalucía es una Administración envejecida, el 71,30% del personal supera los 50 años (en la Administración General del Estado suponen el 64%).

16. d) Más envejecida que la del Estado.

Como se explica en el Plan, "La mitad de la plantilla está en la franja de 51 a 60 años que es la más feminizada, el 64% son mujeres (tal como puede verse en la pirámide de edad, en el Estado son el 43,54%, es una Administración más envejecida que la del Estado)."

17. c) C1.

Como se explica en el Plan, "Existe segregación vertical por Subgrupos y niveles: las mujeres se concentran principalmente en el Subgrupo C1(IPRHM=1,24) y los hombres en el A1 (IPRHM=0,98), asimismo las mujeres se concentran principalmente en los niveles inferiores del 12 al 24 y los hombres en los superiores del 25 al 30.

18. a) A1.

Como se explica en el Plan, "Existe segregación vertical por Subgrupos y niveles: las mujeres se concentran principalmente en el Subgrupo C1(IPRHM=1,24) y los hombres en el A1 (IPRHM=0,98), asimismo las mujeres se concentran principalmente en los niveles inferiores del 12 al 24 y los hombres en los superiores del 25 al 30.

19. a) Técnico/a Superior de Educación Infantil.

Como se explica en el Plan, "Las categorías profesiones relacionadas con los cuidados, la salud, la educación y la limpieza están altamente feminizadas (IPRHM>1,56). Estas son: Técnico/a Superior de Educación Infantil, ocupada en un 97,37% por mujeres."

20. d) Todas las respuestas anteriores son correctas.

Como se explica en el Plan, "Las categorías profesiones relacionadas con el mantenimiento y la conducción de vehículos están altamente masculinizadas (IPRHM) son:

– Conductor/a, ocupada en un 97,07% de hombres.

– Oficial 2ª Oficios, ocupada en un 89,98% de hombres.

– Jefe/a de Servicios Técnicos y/o Mantenimiento, ocupada en un 89,66% de hombres.

– Oficial Primera Oficios, ocupada en un 86,25% de hombres.

– Personal de Oficios, ocupada en un 81,11% por hombres."

TEST N.º 8

Ley 55/2003, de 16 de diciembre, del Estatuto Marco del Personal Estatutario de los Servicios de Salud: clasificación del personal estatutario; derechos y deberes; adquisición y pérdida de la condición de personal estatutario fijo; provisión de plazas, selección y promoción interna; movilidad del personal; carrera profesional; retribuciones; jornadas de trabajo, permisos y licencias; situaciones del personal estatutario; régimen disciplinario; incompatibilidades; representación, participación y negociación colectiva

1. ¿Qué Ley establece las normas básicas relativas al Personal Estatutario de los Servicios de Salud?

a) La Ley 45/2003, de 11 de diciembre, del Estatuto Marco del Personal Estatutario de los Servicios de Salud.

b) La Ley 55/2003, de 16 de diciembre, del Estatuto Marco del Personal Estatutario de los Servicios de Salud.

c) La Ley 59/2004, de 18 de diciembre, del Estatuto Marco del Personal Estatutario de los Servicios de Salud.

d) La Ley 60/2004, de 18 de diciembre, del Estatuto Marco del Personal Estatutario de los Servicios de Salud.

2. El incumplimiento de las normas sobre incompatibilidades cuando ello dé lugar a una situación de incompatibilidad, está clasificado en el EBEP como falta:

a) Muy grave.

b) Grave.

c) Menos grave.

d) Leve.

3. El personal estatutario de los servicios de salud de formación profesional sanitaria se divide en:

a) Técnicos especialistas y Técnicos no especialistas.

b) Personal de formación profesional superior o de grado medio.

c) Técnicos superiores y Técnicos.

d) Personal de formación profesional y Técnicos Superiores.

4. Según la Ley 55/2003, de 16 de diciembre, es personal estatutario de los servicios de salud:

a) El que ejerce una profesión o especialidad sanitaria.

b) El que ostenta esta condición en virtud de nombramiento expedido para el ejercicio de una profesión o especialización sanitaria.

c) El que desempeña una categoría profesional clasificada como sanitaria.

d) Quien ejerza una profesión sanitaria sin ostentar la condición de funcionario.

5. Señala la respuesta incorrecta, en base al Estatuto Marco del personal estatutario de los servicios de salud:

a) Las sanciones impuestas por faltas muy graves prescribirán a los cuatro años, las impuestas por faltas graves a los dos años y a los seis meses las que correspondan a faltas leves.

b) Las sanciones disciplinarias firmes que se impongan al personal estatutario se anotarán en su expediente personal.

c) El plazo de prescripción de las faltas comenzará a contarse desde que la falta se hubiera cometido y se interrumpirá desde la notificación del acuerdo de iniciación del procedimiento disciplinario, volviendo a correr de nuevo si este estuviera paralizado más de dos meses por causa no imputable al interesado.

d) Tendrá consideración de falta leve el descuido en el cumplimiento de las disposiciones expresas sobre seguridad y salud.

6. Según el artículo 72 del Estatuto Marco, la incorrección con los superiores, compañeros, subordinados o usuarios, constituye una infracción disciplinaria de carácter:

a) Muy grave.

b) Grave.

c) Menos grave.

d) Leve.

7. La suspensión firme por sanción disciplinaria no podrá exceder de:

a) Seis años.

b) Cinco años.

c) Dos años.

d) Un año.

8. Conforme al Estatuto Marco, ¿cuál/cuáles de las siguientes materias deberán ser objeto de negociación?

a) Los planes de acción social.

b) El régimen de permisos y licencias.

c) Las materias relativas a la prevención de riesgos laborales.
d) Todas las respuestas son correctas.

9. Según el Estatuto Marco, el acoso sexual, cuando el sujeto activo del acoso cree con su conducta un entorno laboral intimidatorio, hostil o humillante para la persona que es objeto del mismo, tendrá la consideración de falta disciplinaria:

a) Muy grave.
b) Grave.
c) Menos grave.
d) Leve.

10. Conforme al Estatuto Marco, cuando la sanción de suspensión de funciones se imponga por faltas muy graves:

a) No podrá superar los seis años ni será inferior a los dos años.
b) No podrá superar los cinco años ni será inferior a los dos años.
c) No podrá superar los cinco años ni será inferior a un año.
d) No podrá superar los tres años ni será inferior a seis meses.

11. Siguiendo el Estatuto Marco, señala la respuesta correcta:

a) Se mantendrán en la situación de servicio activo, con los derechos que en cada caso correspondan, quienes estén en comisión de servicios, disfruten de vacaciones o permisos o se encuentren en situación de incapacidad temporal.

b) Será declarado en situación de servicio activo el personal estatutario que sea autorizado por la Administración pública competente, por periodos superiores a seis meses, para prestar servicios o colaborar con organizaciones no gubernamentales que desarrollen programas de cooperación, o para cumplir misiones en programas de cooperación nacional o internacional.

c) Procederá declarar al personal estatutario en excedencia por servicios bajo otro régimen jurídico cuando presten servicios en organismos públicos y no les corresponda quedar en otra situación.

d) El personal estatutario excedente por prestación de servicios en el sector público no devengará retribuciones pero el tiempo de permanencia en esta situación no les será reconocido a efectos de trienios y carrera profesional.

12. Por traslado de domicilio a otra localidad de la misma provincia, el trabajador personal estatutario del SAS tendrá derecho a un permiso de:

a) 1 día.
b) 2 días.
c) 3 días.
d) 4 días.

13. Cuando la suspensión provisional se produzca como consecuencia de expediente disciplinario, no podrá exceder, salvo paralización del procedimiento imputable al interesado, de:

a) Seis meses.
b) Tres meses.
c) Un mes.
d) Veinte días.

14. Conforme al Estatuto Marco, ¿qué dos principios presiden la negociación colectiva?

a) Publicidad y voluntad negociadora.
b) Buena fe y voluntad negociadora.
c) Igualdad y transparencia.
d) Transparencia y buena fe.

15. El personal estatutario que, una vez superado el correspondiente proceso selectivo, obtiene un nombramiento para el desempeño con carácter permanente de las funciones que de tal nombramiento se deriven, se denomina:

a) Funcionario de carrera.
b) Fijo.
c) Fijo discontinuo.
d) Fijo o temporal.

16. Señala la respuesta incorrecta respecto a las sanciones por faltas disciplinarias del personal estatutario de los servicios de salud:

a) La sanción de traslado forzoso a otra institución o centro sin cambio de localidad solo podrá imponerse como consecuencia de faltas graves.
b) La sanción de traslado forzoso con cambio de localidad solo podrá imponerse como consecuencia de faltas muy graves o graves.
c) La sanción de separación del servicio comportará la pérdida de la condición de personal estatutario y solo se impondrá por la comisión de faltas muy graves.
d) El apercibimiento será siempre por escrito y solo se impondrá por faltas leves.

17. Según el Estatuto Marco, es personal estatutario de gestión y servicios:

a) Quien ostenta la condición de personal estatutario en virtud de nombramiento expedido para el ejercicio de profesiones o actividades profesionales sanitarias, cuando se exija una concreta titulación de formación profesional.
b) Quien ostenta tal condición en virtud de nombramiento expedido para el desempeño de funciones de gestión o para el desarrollo de profesiones u oficios que no tengan carácter sanitario.

c) Quien ostenta la condición de personal estatutario en virtud de nombramiento expedido para el ejercicio de una profesión sanitaria que exija una concreta titulación de carácter universitario de rama distinta a la sanitaria.

d) El que ostenta esta condición en virtud de nombramiento expedido para el ejercicio de funciones de carácter sanitario.

18. El incumplimiento de la obligación de atender los servicios esenciales establecidos en caso de huelga, constituye una infracción disciplinaria de carácter:

a) Muy grave.
b) Grave.
c) Menos grave.
d) Leve.

19. El personal estatutario del Servicio Andaluz de Salud tendrá derecho, por accidente o enfermedad grave de familiar, hospitalización o intervención quirúrgica sin hospitalización que precise de reposo domiciliario de un familiar de primer grado por consanguinidad o afinidad, de:

a) 3 días hábiles.
b) 4 días hábiles.
c) 3 días hábiles, si el hecho se produce en la misma localidad de residencia de la persona trabajadora; o de 5 días hábiles, si se produce en distinta localidad.
d) 5 días hábiles, se produzca el hecho en la misma o en distinta localidad de residencia de la persona trabajadora.

20. El incumplimiento del deber de respeto a la Constitución o al respectivo Estatuto de Autonomía en el ejercicio de sus funciones, constituye una infracción disciplinaria de carácter:

a) Muy grave.
b) Grave.
c) Menos grave.
d) Leve.

En MADTEST tienes **más preguntas de este tema**, y todos tus avances quedan registrados y se reflejan en el ranking.

¡Supera tus límites con MADTEST!

Soluciones comentadas

1. b) La Ley 55/2003, de 16 de diciembre, del Estatuto Marco del Personal Estatutario de los Servicios de Salud.

El personal estatutario de los Servicios de Salud se regirá:

- Por la legislación específica dictada por el Estado (Ley 55/2003, de 16 de diciembre, Estatuto Marco del Personal Estatutario de los Servicios de Salud) y por las comunidades autónomas en el ámbito de sus respectivas competencias.

- Por lo previsto en el Estatuto Básico del Empleado Público (Real Decreto Legislativo 5/2015, de 30 de octubre), excepto el Capítulo II del Título III (sobre carrera profesional y promoción interna), salvo el artículo 20 (evaluación del desempeño), y los artículos 22.3, 24 y 84. 4.

2. a) Muy grave.

El incumplimiento de las normas sobre incompatibilidades cuando ello dé lugar a una situación de incompatibilidad, está clasificado en el EBEP como falta muy grave.

3. c) Técnicos superiores y Técnicos.

Personal de formación profesional: quienes ostenten la condición de personal estatutario en virtud de nombramiento expedido para el ejercicio de profesiones o actividades profesionales sanitarias, cuando se exija una concreta titulación de formación profesional.

Este personal se divide en:

1.º Técnicos superiores.

2.º Técnicos.

4. b) El que ostenta esta condición en virtud de nombramiento expedido para el ejercicio de una profesión o especialización sanitaria.

El Estatuto Marco distingue entre:

- Personal estatutario sanitario; el que ostenta esta condición en virtud de nombramiento expedido para el ejercicio de una profesión o especialidad sanitaria.

- Personal estatutario de gestión y servicios; quien ostenta tal condición en virtud de nombramiento expedido para el desempeño de funciones de gestión o para el desarrollo de profesiones u oficios que no tengan carácter sanitario.

5. c) El plazo de prescripción de las faltas comenzará a contarse desde que la falta se hubiera cometido y se interrumpirá desde la notificación del acuerdo de iniciación del procedimiento disciplinario, volviendo a correr de nuevo si este estuviera paralizado más de dos meses por causa no imputable al interesado.

Según el artículo 72.6 del EM, el plazo de prescripción comenzará a contarse desde que la falta se hubiera cometido y se interrumpirá desde la notificación del acuerdo de iniciación del procedimiento disciplinario, volviendo a correr de nuevo si este estuviera paralizado más de tres meses por causa no imputable al interesado.

6. d) Leve.

Según el artículo 72.4 del Estatuto Marco, tendrán consideración de faltas leves:

c) La incorrección con los superiores, compañeros, subordinados o usuarios.

7. a) Seis años.

Según el artículo 73 del Estatuto Marco, la suspensión firme por sanción disciplinaria no podrá exceder de seis años.

8. d) Todas las respuestas son correctas.

Según el artículo 80.2 del Estatuto Marco, deberán ser objeto de negociación, las siguientes materias:

a) La determinación y aplicación de las retribuciones del personal estatutario.

b) Los planes y fondos de formación.

c) Los planes de acción social.

d) Las materias relativas a la selección de personal estatutario y a la provisión de plazas, incluyendo la oferta global de empleo del servicio de salud.

e) La regulación de la jornada laboral, tiempo de trabajo y régimen de descansos.

f) El régimen de permisos y licencias.

g) Los planes de ordenación de recursos humanos.

h) Los sistemas de carrera profesional.

i) Las materias relativas a la prevención de riesgos laborales.

j) Las propuestas sobre la aplicación de los derechos sindicales y de participación.

k) En general, cuantas materias afecten a las condiciones de trabajo y al ámbito de relaciones del personal estatutario y sus organizaciones sindicales con la Administración pública o el servicio de salud.

9. b) Grave.

Según el artículo 72.3 del Estatuto Marco, tendrán consideración de faltas graves:

e) El acoso sexual, cuando el sujeto activo del acoso cree con su conducta un entorno laboral intimidatorio, hostil o humillante para la persona que es objeto del mismo.

10. a) No podrá superar los seis años ni será inferior a los dos años.

Según el artículo 73.1 del Estatuto Marco, cuando esta sanción se imponga por faltas muy graves, no podrá superar los seis años ni será inferior a los dos años. Si se impusiera por faltas graves, no superará los dos años. Si la suspensión no supera los seis meses, el interesado no perderá su destino.

11. a) Se mantendrán en la situación de servicio activo, con los derechos que en cada caso correspondan, quienes estén en comisión de servicios, disfruten de vacaciones o permisos o se encuentren en situación de incapacidad temporal.

Según el artículo 63.3 del Estatuto Marco, se mantendrán en la situación de servicio activo, con los derechos que en cada caso correspondan, quienes estén en comisión de servicios, disfruten de vacaciones o permisos o se encuentren en situación de incapacidad temporal, así como quienes reciban el encargo temporal de desempeñar funciones correspondientes a otro nombramiento.

12. b) 2 días.

Según el artículo 23 del *Manual de normas y procedimientos en materia de vacaciones, permisos y licencias del personal de centros e instituciones sanitarias del Servicio Andaluz de Salud*, Permiso por traslado de domicilio:

– Un día, si el traslado no supone cambio de localidad de residencia.

– Dos días, si el traslado tuviera lugar a otra localidad de la misma provincia.

– Tres días, si supusiera cambio de provincia.

13. a) Seis meses.

Según el artículo 75.2 del Estatuto Marco, cuando la suspensión provisional se produzca como consecuencia de expediente disciplinario, no podrá exceder de seis meses, salvo paralización del procedimiento imputable al interesado.

14. b) Buena fe y voluntad negociadora.

Según el artículo 80.3 del Estatuto Marco, la negociación colectiva estará presidida por los principios de buena fe y de voluntad negociadora, debiendo facilitarse las partes la información que resulte necesaria para la eficacia de la negociación.

15. b) Fijo.

Personal estatutario fijo; el que, una vez superado el correspondiente proceso selectivo, obtiene un nombramiento para el desempeño con carácter permanente de las funciones que de tal nombramiento se deriven.

16. b) La sanción de traslado forzoso con cambio de localidad solo podrá imponerse como consecuencia de faltas muy graves o graves.

Como se solicita la respuesta incorrecta, la opción válida es la b), ya que la sanción de traslado forzoso con cambio de localidad, sin derecho a indemnización y con prohibición temporal de participar en procedimientos de movilidad para reincorporarse a la localidad de procedencia hasta un máximo de cuatro años, solo podrá imponerse como consecuencia de faltas muy graves (no graves).

17. b) Quien ostenta tal condición en virtud de nombramiento expedido para el desempeño de funciones de gestión o para el desarrollo de profesiones u oficios que no tengan carácter sanitario.

La clasificación del personal estatutario de gestión y servicios se efectúa, en función del título exigido para el ingreso, de la siguiente forma:

a) Personal de formación universitaria. Atendiendo al nivel del título requerido, este personal se divide en:

1.º Licenciados universitarios o personal con título equivalente.

2.º Diplomados universitarios o personal con título equivalente.

b) Personal de formación profesional. Atendiendo al nivel del título requerido, este personal se divide en:

1.º Técnicos superiores o personal con título equivalente.

2.º Técnicos o personal con título equivalente.

c) Otro personal: categorías en las que se exige certificación acreditativa de los años cursados y de las calificaciones obtenidas en la Educación Secundaria Obligatoria, o título o certificado equivalente.

18. a) Muy grave.

Según el artículo 72.2, son faltas muy graves:

j) El incumplimiento de la obligación de atender los servicios esenciales establecidos en caso de huelga.

19. d) 5 días hábiles, se produzca el hecho en la misma o en distinta localidad de residencia de la persona trabajadora.

Según el artículo 21 del *Manual de normas y procedimientos en materia de vacaciones, permisos y licencias del personal de centros e instituciones sanitarias del Servicio Andaluz de Salud*: Permiso por accidente o enfermedad grave de familiar, hospitalización o intervención quirúrgica sin hospitalización que precise de reposo domiciliario:

– Cónyuges, pareja de hecho o parientes hasta el primer grado por consanguinidad o afinidad, así como cualquier otra persona distinta de las anteriores que conviva con el profesional o la profesional en el mismo domicilio y que requiera el cuidado efectivo de aquella:

* Cinco días hábiles.

95

20. a) Muy grave.

Son faltas muy graves:

a) El incumplimiento del deber de respeto a la Constitución o al respectivo Estatuto de Autonomía en el ejercicio de sus funciones.

TEST N.º 9

Ley 41/2002, de 14 de noviembre, básica reguladora de la autonomía del paciente y de derechos y obligaciones en materia de información y documentación clínica: principios generales; el derecho de información sanitaria; derecho a la intimidad; el respeto de la autonomía del paciente y el consentimiento informado; la historia clínica; el informe de alta y otra documentación clínica. La tarjeta sanitaria de Andalucía

1. En la Ley 41/2002, de 14 de noviembre, el centro sanitario que realiza actividades y presta servicios para cuidar la salud de los pacientes y usuarios, es:

a) El conjunto organizado de profesionales, instalaciones y recursos financieros.
b) El conjunto de personal cualificado y recursos técnicos.
c) El conjunto organizado de personal, medios y recursos.
d) El conjunto organizado de profesionales, instalaciones y medios técnicos.

2. ¿Qué artículo del capítulo VI de la Ley 41/2002, de 14 de noviembre, básica reguladora de la autonomía del paciente y de derechos y obligaciones en materia de información y documentación clínica, regula las obligaciones profesionales de información técnica, estadística y administrativa?

a) El artículo 20.
b) El artículo 21.
c) El artículo 22.
d) El artículo 23.

3. ¿Cómo se titula el capítulo VI de la Ley 41/2002, de 14 de noviembre, básica reguladora de la autonomía del paciente y de derechos y obligaciones en materia de información y documentación clínica?

a) Informe de alta y otra documentación clínica.
b) Derecho a la intimidad.
c) El respeto a la autonomía del paciente.
d) La historia clínica.

4. ¿Qué capítulo de la Ley 41/2002, de 14 de noviembre, básica reguladora de la autonomía del paciente y de derechos y obligaciones en materia de información y documentación clínica regula el alta del paciente?

a) El capítulo III.
b) El capítulo IV.
c) El capítulo V.
d) El capítulo VI.

5. Según la Ley 41/2002 ¿a quién corresponde determinar reglamentariamente las características de los informes de alta?

a) Al Ministerio de Sanidad.
b) Al Consejo Interterritorial del Sistema Nacional de Salud.
c) A las Administraciones sanitarias autonómicas.
d) A los propios centros sanitarios.

6. ¿Quién será el encargado de determinar reglamentariamente los requisitos de los informes de alta, a tenor de la Ley 41/2002, de 14 de noviembre, básica reguladora de la autonomía del paciente y de derechos y obligaciones en materia de información y documentación clínica?

a) La dirección médica de los centros sanitarios.
b) La gerencia de los centros sanitarios.
c) El Ministerio de Sanidad.
d) Las Administraciones sanitarias autonómicas.

7. La Ley 41/2002 establece que las condiciones de los informes de alta serán determinados reglamentariamente por:

a) La gerencia de los centros sanitarios.
b) El Ministerio de Sanidad.
c) Las Administraciones sanitarias autonómicas.
d) El Consejo Interterritorial del Sistema Nacional de Salud.

8. El artículo 20 de la Ley 41/2002, de 14 de noviembre, básica reguladora de la autonomía del paciente y de derechos y obligaciones en materia de información y documentación clínica, establece que las características, requisitos y condiciones de los informes de alta serán determinadas:

a) Legalmente.
b) Reglamentariamente.
c) Previo informe del Consejo Interterritorial del Sistema Nacional de Salud
d) Conforme al criterio de las Administraciones sanitarias autonómicas.

9. La Ley 41/2002 establece que, en caso de no aceptar el tratamiento prescrito, se propondrá al paciente o usuario la firma del:

a) Informe de alta.
b) Informe de renuncia.
c) Alta propia.
d) Alta voluntaria.

10. La Ley 41/2002 establece que en el caso de que el paciente o usuario no aceptara el tratamiento se le propondrá la firma del alta voluntaria. ¿Quién podrá disponer el alta forzosa en el caso de que el paciente o usuario no firmara el alta voluntaria propuesta?

a) La dirección del centro sanitario.
b) El médico responsable.
c) La gerencia del centro sanitario.
d) El juez de guardia.

11. ¿Qué artículo del capítulo VI de la Ley 41/2002, de 14 de noviembre, básica reguladora de la autonomía del paciente y de derechos y obligaciones en materia de información y documentación clínica, regula el informe de alta?

a) El artículo 20.
b) El artículo 21.
c) El artículo 22.
d) El artículo 23.

12. Según la Ley 41/2002, una vez que se le ha propuesto al paciente o usuario el alta voluntaria por no aceptar el tratamiento y persistir en su negativa, la dirección del centro se lo debe poner en conocimiento, para que confirme o revoque la decisión:

a) A la fiscalía.
b) A la inspección de servicios sanitarios del correspondiente servicio de salud.
c) Al juez.
d) Al juzgado de instrucción de guardia.

13. Señala la respuesta incorrecta (Ley 41/2002):

a) En caso de no aceptar el tratamiento prescrito, se propondrá al paciente o usuario la firma del alta voluntaria.
b) En el caso de que el paciente no acepte el alta, la dirección del centro, previa comprobación del informe clínico correspondiente, oirá al paciente y, si persiste en su negativa, lo pondrá en conocimiento del juez para que confirme o revoque la decisión.

c) Todo paciente o usuario tiene derecho a que se le faciliten los certificados acreditativos de su estado de salud, los cuales siempre correrán a su cargo.

d) Las características, requisitos y condiciones de los informes de alta se determinarán reglamentariamente por las Administraciones sanitarias autonómicas.

14. Según la Ley 41/2002, todo paciente o usuario tiene derecho a que se le faciliten los certificados acreditativos de su estado de salud. Estos serán gratuitos cuando así lo establezca:

a) Una instrucción de la dirección médica del centro sanitario.
b) Una disposición legal.
c) Una disposición reglamentaria.
d) Las respuestas b y c son correctas.

15. Según la Ley 41/2002, en el caso de que el paciente no acepte el alta, la dirección del centro, si persiste en su negativa, lo pondrá en conocimiento del juez para que confirme o revoque la decisión, aunque previamente:

a) Comprobará el informe clínico correspondiente.
b) Oirá al paciente.
c) Solicitará un nuevo informe clínico por un segundo médico.
d) Las respuestas a y b son correctas.

16. Señala una de las obligaciones de los profesionales sanitarios descritas en el artículo 23 de la Ley 41/2002, de 14 de noviembre, básica reguladora de la autonomía del paciente y de derechos y obligaciones en materia de información y documentación clínica:

a) Cumplimentar los protocolos, registros, informes, estadísticas y demás documentación asistencial o administrativa, que guarden relación con los procesos clínicos en los que intervienen.
b) Cumplimentar los protocolos, registros, informes, estadísticas y demás documentación asistencial o administrativa que requieran los centros o servicios de salud competentes y las autoridades sanitarias.
c) Cumplimentar los protocolos, registros, informes, estadísticas y demás documentación asistencial o administrativa relacionados con la investigación médica y la información epidemiológica.
d) Todas las respuestas son correctas.

17. ¿Qué artículo del capítulo VI de la Ley 41/2002, de 14 de noviembre, básica reguladora de la autonomía del paciente y de derechos y obligaciones en materia de información y documentación clínica, regula el alta del paciente?

a) El artículo 20.
b) El artículo 21.

c) El artículo 22.
d) El artículo 23.

18. Señala la respuesta incorrecta (Ley 41/2002):

a) Solo el paciente o usuario tendrá derecho a recibir del centro o servicio sanitario, una vez finalizado el proceso asistencial, un informe de alta con los contenidos mínimos que determina el artículo 3 de la Ley 41/2002, de 14 de noviembre.

b) En caso de no aceptar el tratamiento prescrito, se propondrá al paciente o usuario la firma del alta voluntaria.

c) El hecho de no aceptar el tratamiento prescrito no dará lugar al alta forzosa cuando existan tratamientos alternativos, aunque tengan carácter paliativo, siempre que los preste el centro sanitario y el paciente acepte recibirlos.

d) Las características, requisitos y condiciones de los informes de alta se determinarán reglamentariamente por las Administraciones sanitarias autonómicas.

19. Según la Ley 41/2002, el hecho de no aceptar el tratamiento prescrito no dará lugar al alta forzosa cuando existan tratamientos alternativos, aunque tengan carácter paliativo, siempre que:

a) El paciente acepte recibirlos.
b) Los preste el centro sanitario.
c) Cuente con el visto bueno de la autoridad judicial.
d) Las respuestas a) y b) son correctas.

20. Señala la respuesta incorrecta (Ley 41/2002):

a) Todo paciente o usuario tiene derecho a que se le faciliten los certificados acreditativos de su estado de salud.

b) En el caso de que el paciente no acepte el alta, la dirección del centro, previa comprobación del informe clínico correspondiente, oirá al paciente y, si persiste en su negativa, lo pondrá en conocimiento del Ministerio Fiscal para que confirme o revoque la decisión.

c) Las características, requisitos y condiciones de los informes de alta se determinarán reglamentariamente por las Administraciones sanitarias autonómicas.

d) El hecho de no aceptar el tratamiento prescrito no dará lugar al alta forzosa cuando existan tratamientos alternativos, aunque tengan carácter paliativo, siempre que los preste el centro sanitario y el paciente acepte recibirlos.

En MADTEST tienes **más preguntas de este tema**, y todos tus avances quedan registrados y se reflejan en el ranking.

¡Supera tus límites con MADTEST!

Soluciones comentadas

1. d) El conjunto organizado de profesionales, instalaciones y medios técnicos.

Ley 41/2002, de 14 de noviembre, básica reguladora de la autonomía del paciente y de derechos y obligaciones en materia de información y documentación clínica, artículo 3:

- "Centro sanitario: el conjunto organizado de profesionales, instalaciones y medios técnicos que realiza actividades y presta servicios para cuidar la salud de los pacientes y usuarios".

2. d) El artículo 23.

Ley 41/2002, de 14 de noviembre, básica reguladora de la autonomía del paciente y de derechos y obligaciones en materia de información y documentación clínica, artículo 23: "Los profesionales sanitarios, además de las obligaciones señaladas en materia de información clínica, tienen el deber de cumplimentar los protocolos, registros, informes, estadísticas y demás documentación asistencial o administrativa que guarden relación con los procesos clínicos en los que intervienen, y los que requieran los centros o servicios de salud competentes y las autoridades sanitarias, comprendidos los relacionados con la investigación médica y la información epidemiológica".

3. a) Informe de alta y otra documentación clínica.

La Ley 41/2002, de 14 de noviembre, básica reguladora de la autonomía del paciente y de derechos y obligaciones en materia de información y documentación clínica se estructura en los siguientes seis capítulos:

- Capítulo I: Principios generales.

- Capítulo II: El derecho a la información sanitaria.

- Capítulo III: Derecho a la intimidad.

- Capítulo IV: El respeto a la autonomía del paciente.

- Capítulo V: La historia clínica.

- Capítulo VI: Informe de alta y otra documentación clínica.

4. d) El capítulo VI.

El capítulo VI de la Ley 41/2002, de 14 de noviembre, básica reguladora de la autonomía del paciente y de derechos y obligaciones en materia de información y documentación clínica, consta de 4 artículos:

- Artículo 20: Informe de alta.

- Artículo 21: El alta del paciente.

- Artículo 22: Emisión de certificados médicos.

- Artículo 23: Obligaciones profesionales de información técnica, estadística y administrativa.

5. c) A las Administraciones sanitarias autonómicas.

Ley 41/2002, de 14 de noviembre, básica reguladora de la autonomía del paciente y de derechos y obligaciones en materia de información y documentación clínica, artículo 20:

- "Las características, requisitos y condiciones de los informes de alta se determinarán reglamentariamente por las Administraciones sanitarias autonómicas."

6. d) Las Administraciones sanitarias autonómicas.

Ley 41/2002, de 14 de noviembre, básica reguladora de la autonomía del paciente y de derechos y obligaciones en materia de información y documentación clínica, artículo 20:

- "Las características, requisitos y condiciones de los informes de alta se determinarán reglamentariamente por las Administraciones sanitarias autonómicas."

7. c) Las Administraciones sanitarias autonómicas.

Ley 41/2002, de 14 de noviembre, básica reguladora de la autonomía del paciente y de derechos y obligaciones en materia de información y documentación clínica, artículo 20:

- "Las características, requisitos y condiciones de los informes de alta se determinarán reglamentariamente por las Administraciones sanitarias autonómicas."

8. b) Reglamentariamente.

Ley 41/2002, de 14 de noviembre, básica reguladora de la autonomía del paciente y de derechos y obligaciones en materia de información y documentación clínica, artículo 20:

- "Las características, requisitos y condiciones de los informes de alta se determinarán reglamentariamente por las Administraciones sanitarias autonómicas."

9. d) Alta voluntaria.

Ley 41/2002, de 14 de noviembre, básica reguladora de la autonomía del paciente y de derechos y obligaciones en materia de información y documentación clínica, artículo 21:

"1. En caso de no aceptar el tratamiento prescrito, se propondrá al paciente o usuario la firma del alta voluntaria."

10. a) La dirección del centro sanitario.

Ley 41/2002, de 14 de noviembre, básica reguladora de la autonomía del paciente y de derechos y obligaciones en materia de información y documentación clínica, artículo 21:

"1. En caso de no aceptar el tratamiento prescrito, se propondrá al paciente o usuario la firma del alta voluntaria. Si no la firmara, la dirección del centro sanitario, a propuesta del médico responsable, podrá disponer el alta forzosa en las condiciones reguladas por la Ley."

11. a) El artículo 20.

Ley 41/2002, de 14 de noviembre, básica reguladora de la autonomía del paciente y de derechos y obligaciones en materia de información y documentación clínica, artículo 20:

– "Todo paciente, familiar o persona vinculada a él, en su caso, tendrá el derecho a recibir del centro o servicio sanitario, una vez finalizado el proceso asistencial, un informe de alta con los contenidos mínimos que determina el artículo 3. Las características, requisitos y condiciones de los informes de alta se determinarán reglamentariamente por las Administraciones sanitarias autonómicas."

12. c) Al juez.

Ley 41/2002, de 14 de noviembre, básica reguladora de la autonomía del paciente y de derechos y obligaciones en materia de información y documentación clínica, artículo 21:

"2. En el caso de que el paciente no acepte el alta, la dirección del centro, previa comprobación del informe clínico correspondiente, oirá al paciente y, si persiste en su negativa, lo pondrá en conocimiento del juez para que confirme o revoque la decisión."

13. c) Todo paciente o usuario tiene derecho a que se le faciliten los certificados acreditativos de su estado de salud, los cuales siempre correrán a su cargo.

Ley 41/2002, de 14 de noviembre, básica reguladora de la autonomía del paciente y de derechos y obligaciones en materia de información y documentación clínica, artículo 22:

– "Todo paciente o usuario tiene derecho a que se le faciliten los certificados acreditativos de su estado de salud. Éstos serán gratuitos cuando así lo establezca una disposición legal o reglamentaria."

14. d) Las respuestas b y c son correctas.

Ley 41/2002, de 14 de noviembre, básica reguladora de la autonomía del paciente y de derechos y obligaciones en materia de información y documentación clínica, artículo 22:

– "Todo paciente o usuario tiene derecho a que se le faciliten los certificados acreditativos de su estado de salud. Estos serán gratuitos cuando así lo establezca una disposición legal o reglamentaria."

15. d) Las respuestas a y b son correctas.

Ley 41/2002, de 14 de noviembre, básica reguladora de la autonomía del paciente y de derechos y obligaciones en materia de información y documentación clínica, artículo 21:

"2. En el caso de que el paciente no acepte el alta, la dirección del centro, previa comprobación del informe clínico correspondiente, oirá al paciente y, si persiste en su negativa, lo pondrá en conocimiento del juez para que confirme o revoque la decisión."

16. d) Todas las respuestas son correctas.

Ley 41/2002, de 14 de noviembre, básica reguladora de la autonomía del paciente y de derechos y obligaciones en materia de información y documentación clínica, artículo 23:

– "Los profesionales sanitarios, además de las obligaciones señaladas en materia de información clínica, tienen el deber de cumplimentar los protocolos, registros, informes, estadísticas y demás documentación asistencial o administrativa, que guarden relación con los procesos clínicos en los que intervienen, y los que requieran los centros o servicios de salud competentes y las autoridades sanitarias, comprendidos los relacionados con la investigación médica y la información epidemiológica."

17. b) El artículo 21.

Ley 41/2002, de 14 de noviembre, básica reguladora de la autonomía del paciente y de derechos y obligaciones en materia de información y documentación clínica, artículo 20:

– "Todo paciente, familiar o persona vinculada a él, en su caso, tendrá el derecho a recibir del centro o servicio sanitario, una vez finalizado el proceso asistencial, un informe de alta…"

105

18. a) Solo el paciente o usuario tendrá derecho a recibir del centro o servicio sanitario, una vez finalizado el proceso asistencial, un informe de alta con los contenidos mínimos que determina el artículo 3 de la Ley 41/2002, de 14 de noviembre.

Ley 41/2002, de 14 de noviembre, básica reguladora de la autonomía del paciente y de derechos y obligaciones en materia de información y documentación clínica, artículo 20:

– "Todo paciente, familiar o persona vinculada a él, en su caso, tendrá el derecho a recibir del centro o servicio sanitario, una vez finalizado el proceso asistencial, un informe de alta con los contenidos mínimos que determina el artículo 3. Las características, requisitos y condiciones de los informes de alta se determinarán reglamentariamente por las Administraciones sanitarias autonómicas."

19. d) Las respuestas a) y b) son correctas.

Ley 41/2002, de 14 de noviembre, básica reguladora de la autonomía del paciente y de derechos y obligaciones en materia de información y documentación clínica, artículo 21:

"1. En caso de no aceptar el tratamiento prescrito, se propondrá al paciente o usuario la firma del alta voluntaria. Si no la firmara, la dirección del centro sanitario, a propuesta del médico responsable, podrá disponer el alta forzosa en las condiciones reguladas por la Ley. El hecho de no aceptar el tratamiento prescrito no dará lugar al alta forzosa cuando existan tratamientos alternativos, aunque tengan carácter paliativo, siempre que los preste el centro sanitario y el paciente acepte recibirlos. Estas circunstancias quedarán debidamente documentadas."

20. b) En el caso de que el paciente no acepte el alta, la dirección del centro, previa comprobación del informe clínico correspondiente, oirá al paciente y, si persiste en su negativa, lo pondrá en conocimiento del Ministerio Fiscal para que confirme o revoque la decisión.

Ley 41/2002, de 14 de noviembre, básica reguladora de la autonomía del paciente y de derechos y obligaciones en materia de información y documentación clínica, artículo 21:

"2. En el caso de que el paciente no acepte el alta, la dirección del centro, previa comprobación del informe clínico correspondiente, oirá al paciente y, si persiste en su negativa, lo pondrá en conocimiento del juez para que confirme o revoque la decisión."

TEST N.º 10

Las Tecnologías de la Información y Comunicaciones en el Servicio Andaluz de Salud. Los sistemas de información corporativos. El puesto de trabajo digital. Ayuda Digital. Ciberseguridad. El Código de Conducta en el uso de las Tecnologías de la Información y la Comunicación para profesionales públicos de la Administración de la Junta de Andalucía

1. ¿En qué porcentaje se estima que han aumentado los ciberataques en hospitales desde la llegada del COVID-19?

a) 100 %.
b) 300 %.
c) 500 %.
d) 1000 %.

2. Cuál es el objetivo principal de la Dirección General de Sistemas de Información y Comunicaciones (DGSIC) en el SAS:

a) Implementar políticas de recursos humanos para el SAS.
b) Desarrollar la Estrategia de Salud Digital en el SAS.
c) Gestionar la contratación de personal en hospitales.
d) Planificar las actividades de atención médica en emergencias.

3. Cuál de los siguientes NO es un módulo de la plataforma Diraya:

a) Módulo de Urgencias.
b) Historia de Salud Digital.
c) Receta electrónica.
d) Módulo de Contabilidad.

4. Cuál es una de las principales ventajas del sistema PACS (Picture Archiving and Communication System) del SAS:

a) Elimina la necesidad de recetas médicas en papel.
b) Facilita el acceso a imágenes médicas y mejora la eficiencia.

c) Administra datos de recursos humanos.

d) Automatiza la contratación de personal sanitario.

5. Cuál es la función principal del servicio ayudaDIGITAL en el SAS:

a) Gestionar contratos de personal sanitario.

b) Proporcionar soporte técnico y acceso a las aplicaciones del SAS.

c) Organizar la agenda de los médicos.

d) Supervisar el inventario de equipos médicos.

6. Qué aplicación permite al personal del SAS autogestionar el cambio de contraseña en los sistemas corporativos:

a) LeTSAS

b) AGESCON

c) SARAC

d) UNIFY OFFICE

7. Qué servicio del SAS facilita el acceso a las aplicaciones del sistema desde ubicaciones remotas:

a) ayudaDIGITAL

b) SARAC

c) SIGMA-MANSIS

d) UNIFY OFFICE

8. Cuál es una de las principales funcionalidades del sistema SIGMA-MANSIS:

a) Gestión de recursos humanos.

b) Gestión del mantenimiento de activos.

c) Planificación de turnos del personal.

d) Creación de informes de asistencia médica.

9. Qué aplicación dentro de Diraya permite la gestión de las recetas electrónicas:

a) Estación de Gestión

b) PACS

c) RXXI Prescripción

d) AGESCON

10. Cuál de las siguientes afirmaciones es correcta sobre el sistema ayudaDIGITAL del SAS:

a) Solo está disponible para personal administrativo.

b) Solo permite registrar incidencias técnicas.

c) Ofrece acceso a aplicaciones, soporte técnico y formación.
d) Solo está disponible para uso dentro de hospitales.

11. Cuál es una ventaja del sistema corporativo PACS en la gestión de imágenes médicas en el SAS:

a) Permite prescribir medicamentos.
b) Facilita el almacenamiento físico de imágenes radiográficas.
c) Permite visualizar imágenes médicas desde cualquier dispositivo conectado.
d) Supervisa la contratación de médicos especialistas en radiología.

12. Cuál es el principal objetivo de la Historia Clínica Electrónica (HCE) Diraya en el SAS:

a) Gestionar los contratos de los empleados del SAS.
b) Facilitar el acceso a la información sanitaria de los pacientes.
c) Controlar el inventario de equipos médicos.
d) Automatizar la gestión de citas médicas.

13. Cuál es una función principal de la aplicación SIGLO en el SAS:

a) Gestionar los contratos de los empleados.
b) Administrar los procesos logísticos y económicos.
c) Supervisar las actividades de atención médica.
d) Ofrecer formación a los profesionales del SAS.

14. Qué aplicación facilita la gestión de turnos y absentismo del personal del SAS:

a) GERHONTE
b) Diraya
c) RXXI Prescripción
d) ayudaDIGITAL

15. Cuál de las siguientes funcionalidades NO pertenece al sistema GERHONTE:

a) Gestión de turnos y absentismo.
b) Desempeño profesional.
c) Nóminas.
d) Gestión de inventario.

16. Qué módulo del sistema Diraya permite la gestión de la demanda quirúrgica:

a) Módulo de Citas.
b) Módulo AGD.
c) Módulo de Urgencias.
d) Módulo PACS.

17. Cuál de las siguientes no es una ventaja del sistema PACS en el SAS:

a) Digitalización y acceso rápido a imágenes médicas.
b) Gestión de imágenes en formato DICOM.
c) Gestión de prescripciones médicas.
d) Almacenamiento seguro de imágenes médicas.

18. Qué plataforma del SAS permite la autogestión de la cuenta para el cambio o recuperación de contraseñas:

a) SIGLO
b) AGESCON
c) SARAC
d) UNIFY OFFICE

19. Qué herramienta del SAS facilita la gestión de incidencias y peticiones relacionadas con el equipamiento informático:

a) ayudaDIGITAL
b) Confluence
c) JIRA
d) GERHONTE

20. Cuál es el propósito principal de la aplicación SIGMA-MANSIS en el SAS:

a) Gestionar la demanda quirúrgica.
b) Optimizar la administración de recursos físicos y el mantenimiento de instalaciones.
c) Facilitar el acceso remoto a aplicaciones clínicas.
d) Administrar las citas médicas.

En MADTEST tienes **más preguntas de este tema**, y todos tus avances quedan registrados y se reflejan en el ranking.

¡Supera tus límites con MADTEST!

Soluciones comentadas

1. c) 500 %.

El temario menciona que algunos estudios cifran este incremento en hasta un 500 % a nivel mundial refiriéndose al aumento de ciberataques en hospitales desde la llegada del COVID-19.

2. b) Desarrollar la Estrategia de Salud Digital en el SAS.

La Dirección General de Sistemas de Información y Comunicaciones (DGSIC) tiene como uno de sus objetivos principales el desarrollo y ejecución de la Estrategia de Salud Digital en el ámbito del Servicio Andaluz de Salud, tal como se menciona en el documento, enfocado en la implementación de servicios digitales para mejorar la calidad y disponibilidad de la atención sanitaria.

3. d) Módulo de Contabilidad.

El sistema Diraya incluye diferentes módulos relacionados con la gestión de la salud, como la Historia de Salud Digital, el Módulo de Urgencias y la Receta electrónica, pero no contiene un Módulo de Contabilidad, ya que esta plataforma está enfocada en la atención sanitaria y no en la gestión financiera.

4. b) Facilita el acceso a imágenes médicas y mejora la eficiencia.

El sistema PACS permite la digitalización y gestión eficiente de imágenes médicas, mejorando el flujo de trabajo en departamentos como radiología, y asegurando que las imágenes estén accesibles de manera rápida y segura.

5. b) Proporcionar soporte técnico y acceso a las aplicaciones del SAS.

ayudaDIGITAL es un servicio integral que ofrece soporte informático a los profesionales del SAS, brindando acceso a las aplicaciones del sistema y formación en TIC y ciberseguridad. Además, permite la resolución de incidencias y la gestión de necesidades tecnológicas.

6. b) AGESCON

AGESCON es la aplicación diseñada para la gestión de contraseñas en el SAS, permitiendo al usuario cambiar o recuperar sus credenciales de forma segura y sencilla.

7. b) SARAC

SARAC (Servicio de Acceso Remoto a Aplicaciones Corporativas) permite a los profesionales del SAS acceder a las aplicaciones y servicios TIC corporativos desde ubicaciones remotas, como el domicilio o lugares fuera de la red corporativa.

8. b) Gestión del mantenimiento de activos.

SIGMA-MANSIS es el sistema utilizado para gestionar el mantenimiento de los activos y recursos físicos del SAS, permitiendo optimizar su administración y prolongar la vida útil de los equipos e instalaciones.

9. c) RXXI Prescripción

RXXI Prescripción es el módulo de Diraya a través del cual los médicos pueden realizar prescripciones electrónicas, facilitando la gestión de los medicamentos necesarios para los pacientes.

10. c) Ofrece acceso a aplicaciones, soporte técnico y formación.

ayudaDIGITAL proporciona soporte técnico a los profesionales del SAS, acceso a las aplicaciones del sistema, notificaciones en tiempo real y formación en TIC y ciberseguridad. Además, está disponible en múltiples canales y no se limita solo a hospitales.

11. c) Permite visualizar imágenes médicas desde cualquier dispositivo conectado.

El sistema PACS permite la digitalización y visualización de imágenes médicas desde cualquier estación de trabajo o dispositivo conectado a la red del SAS, mejorando la accesibilidad y colaboración entre profesionales.

12. b) Facilitar el acceso a la información sanitaria de los pacientes.

La Historia Clínica Electrónica (HCE) en Diraya integra toda la información sanitaria de los pacientes, permitiendo a los profesionales sanitarios acceder de forma segura y actualizada a los datos clínicos desde cualquier punto de la red del SAS.

13. b) Administrar los procesos logísticos y económicos.

SIGLO es el sistema integral de gestión logística del SAS, encargado de administrar los procesos relacionados con los pedidos, almacenamiento, distribución y facturación en los centros sanitarios.

14. a) GERHONTE

GERHONTE es el sistema integral de gestión de recursos humanos del SAS, que permite, entre otras funciones, la planificación y el seguimiento de los turnos de trabajo, así como el control del absentismo del personal.

15. d) Gestión de inventario.

GERHONTE es una aplicación destinada a la gestión de recursos humanos y sus funcionalidades incluyen la gestión de turnos, nóminas, desempeño profesional, entre otras, pero no contempla la gestión de inventario, que pertenece a otros sistemas del SAS.

16. b) Módulo AGD.

El Módulo AGD (Aplicación de Gestión de la Demanda Quirúrgica) de Diraya permite la creación de un registro único y centralizado de la demanda quirúrgica, garantizando la gestión de los procedimientos quirúrgicos en el SAS.

17. c) Gestión de prescripciones médicas.

El sistema PACS se encarga de la digitalización, almacenamiento y acceso a imágenes médicas en el SAS, pero la gestión de prescripciones médicas se realiza a través de otros módulos como RXXI Prescripción, no a través de PACS.

18. b) AGESCON

AGESCON es la aplicación del SAS que permite a los usuarios la autogestión de sus cuentas, específicamente para el cambio o recuperación de contraseñas en los sistemas corporativos del SAS.

19. a) ayudaDIGITAL

ayudaDIGITAL es la plataforma del SAS destinada a gestionar incidencias y peticiones relacionadas con los sistemas de información y el equipamiento informático. Además, ofrece soporte técnico y acceso a las aplicaciones del SAS.

20. b) Optimizar la administración de recursos físicos y el mantenimiento de instalaciones.

SIGMA-MANSIS es la herramienta del SAS destinada a gestionar el mantenimiento de los activos físicos, asegurando su correcto funcionamiento y prolongando la vida útil de los mismos.

TEST
PARTE ESPECÍFICA

TEST N.º 11

Áreas organizativas del servicio de lavandería y planchado. Áreas organizativas de la lavandería hospitalaria. Zona sucia: almacenamiento, clasificación, pesado y carga de lavadoras. La barrera sanitaria. Zona limpia: clasificación, secado, planchado, repaso (costura), empaquetado y distribución. Correcto montaje del textil limpio para su distribución

1. Indica la respuesta correcta en relación con el túnel de secado:

a) En el túnel de secado se eliminan totalmente la humedad mediante aire caliente.
b) Se utiliza para ropa de forma.
c) Se eliminan las arrugas y, en muchos casos, ya no es necesario planchar.
d) Todas las respuestas son correctas.

2. ¿Qué característica tendrán las superficies donde se deposite la ropa en una lavandería?

a) Deslizantes.
b) No lavables.
c) No tendrán aberturas ni huecos donde puedan acumular suciedad.
d) Todas las respuestas son correctas.

3. ¿Qué funciones tiene el servicio de lavandería y planchado?

a) Reparación y/o reposición de los tejidos deteriorados.
b) Control de los tratamientos de la ropa sucia.
c) Control del tratamiento de la ropa limpia.
d) Todas las respuestas son correctas.

4. ¿En qué momento se realiza la fase de centrifugado?

a) Al inicio del lavado.
b) Durante el lavado, entre distintas fases.

c) Al final del proceso.
d) Antes del empaquetado.

5. ¿En qué área de la lavandería se realiza el marcaje de las prendas?

a) Área de lavado.
b) Área de planchado.
c) Área de costura.
d) Área de empaquetado.

6. ¿Cuál es la finalidad de una lavandería?

a) Procesar la ropa sucia y contaminada convirtiéndola en ropa limpia que ayuda a la comodidad y cuidado del paciente.
b) Mejorar las cualidades iniciales de una prenda.
c) Eliminar la suciedad soluble.
d) Hacer que la ropa sea más cómoda gracias al desgaste del tejido durante el lavado.

7. ¿Qué separa la barrera sanitaria?

a) La zona de distribución del resto de la lavandería.
b) La zona de entrada de ropa sucia del resto de la lavandería.
c) La zona sucia de la zona limpia.
d) La zona autorizada para personal de la zona pública.

8. ¿Qué afirmación no es correcta?

a) La lavadora se carga por la zona sucia.
b) La lavadora se descarga por la zona limpia.
c) La lavadora desagua por la zona limpia.
d) Las respuestas a) y b) son correctas.

9. ¿En qué momento se deslía la ropa?

a) Al salir de la calandra.
b) Al salir del túnel de secado.
c) Al salir del túnel de lavado.
d) Antes de su distribución.

10. ¿Cómo se elimina el agua acumulada durante el lavado en un tejido de rizo?

a) Mediante secado.
b) Planchando.
c) Manteniendo las prendas de estas características juntas durante un tiempo hasta que se hayan escurrido.
d) Cualquiera de estos procesos es válido.

11. ¿Qué importancia tiene que la bolsa donde se empaquete la ropa limpia sea transparente?

a) Permite ver el contenido.
b) Aísla mejor de la luz.
c) Da sensación de mayor limpieza.
d) No tiene ninguna importancia si va o no empaquetada.

12. ¿Qué peso de ropa se recomienda en cada lavado?

a) La capacidad máxima de la lavadora.
b) La capacidad mínima de la máquina.
c) Un peso inferior a la capacidad máxima de la máquina.
d) Siempre 10 kg.

13. ¿En qué se basa el planchado de la ropa?

a) Calor.
b) Presión.
c) Frotación.
d) Las respuestas a) y b) son correctas.

14. ¿Qué función tiene crear presión de aire negativa en la zona sucia?

a) La circulación de aire será desde la zona limpia hacia la zona sucia.
b) La circulación de aire será desde la zona sucia hacia la zona limpia.
c) Evitar el exceso de calor acumulado por los equipos.
d) Actuar como vehículo de transmisión de infecciones.

15. ¿Cuánto se reduce el peso de la ropa por el centrifugado? Se reduce un...

a) 20 %.
b) 40 %.
c) 60 %.
d) 75 %.

16. ¿Qué tipo de gestión tiene una lavandería centralizada?

a) Propia.
b) Ajena.
c) Reducida a centros pequeños.
d) No existen las lavanderías centralizadas.

17. Las puertas de acceso a la cabina de desinfección entre el lado limpio y el lado sucio:

a) Deberá ir instalada de tal manera que abra una, sin que se abra la otra.
b) Deberá ir instalada de tal manera que no abra una sin que haya cerrado totalmente la otra.

c) Deberá ir instalada de tal manera que se cierre una cuando se cierre la otra.

d) Deberá ir instalada de tal manera que se cierre automáticamente una puerta cuando no se pueda abrir la otra.

18. ¿En qué consiste el principio de marcha adelante en una lavandería?

a) Las fases del proceso serán independientes y se localizarán en zonas separadas.

b) Las áreas de trabajo se situarán siguiendo el orden lógico del proceso.

c) El local debe ser lineal para que la localización se realice por orden.

d) Ninguna respuesta es correcta.

19. ¿Qué prendas contiene un lote de ropa?

a) Prendas con características similares que puedan ser sometidas al mismo programa de lavado.

b) Un juego completo para un paciente.

c) Las necesidades de una planta para un día.

d) Ninguna respuesta es correcta.

20. ¿Qué ocurre cuando el peso de ropa por lavado es mayor que el recomendado?

a) La ropa queda más apretada, dificultando que los productos puedan penetrar en los tejidos. Este problema no se va a resolver aumentando la dosis de detergente.

b) Las prendas no quedan limpias y pueden permanecer restos de suciedad en algunas zonas.

c) Las máquinas trabajan más forzadas y el sistema se puede dañar, causando una avería.

d) Todas las respuestas son correctas.

En MADTEST tienes **más preguntas de este tema**, y todos tus avances quedan registrados y se reflejan en el ranking.

¡Supera tus límites con MADTEST!

Soluciones comentadas

1. d) Todas las respuestas son correctas.

Sistema de perchas que introducen la ropa colgada a través de railes aéreos por el túnel de secado.

Se utiliza para prendas de forma y se eliminan totalmente la humedad mediante aire caliente.

Con este sistema se eliminan además las arrugas y en muchos casos se evita el planchado.

2. c) No tendrán aberturas ni huecos donde puedan acumular suciedad.

Entre las principales características estructurales del local de una lavandería tenemos que las superficies resistentes y de materiales que se limpien y desinfecten con facilidad. No tendrán aberturas ni huecos donde puedan acumular suciedad.

3. d) Todas las respuestas son correctas.

Son Funciones del servicio de lavandería y planchado:

- Garantizara que la ropa está perfectamente limpia e higienizada, sin restos de suciedad ni olor, de manera que pueda ser usada nuevamente, sin riesgo de constituir un foco de infección.

- Controlara que el tratamiento al que se somete la ropa es eficaz, y el deterioro de los tejidos durante el proceso son mínimo. El uso continuado de la ropa hace que deba someterse al proceso de lavado, secado y planchado una y otra vez, lo que va dañando los tejidos, y haciendo que la prenda vaya perdiendo poco a poco sus características iniciales. Este proceso debe ser lento, para que la ropa no pierda su aspecto y comodidad.

- Vigilara el aspecto de la ropa y los tejidos, asegurando la reparación de las prendas descosidas, y la reposición de los tejidos deteriorados. Puesto que el tratamiento afecta inevitablemente a las prendas, es necesario que aquellas que no sean adecuadas para su nuevo uso sean retiradas, y no lleguen otra vez al usuario.

- Gestionara la compra de nuevas prendas para facilitar la reposición, manteniendo un equilibrio adecuado entre calidad y costes.

- Controlara los costes de explotación, gestión y suministro.

- Se ocupará del control de calidad del procesado de la ropa.

4. b) Durante el lavado, entre distintas fases.

Este proceso se puede realizar como parte del lavado, dentro del túnel o lavadoras, o con máquinas denominadas centrifugadoras que constan de una carcasa redonda y tiene en su interior un bombo o tambor similar al de una lavadora.

5. c) Área de costura.

En esta sección de repaso y costura se reparan los desperfectos de la ropa, y se marcan las prendas.

6. a) Procesar la ropa sucia y contaminada convirtiéndola en ropa limpia que ayuda a la comodidad y cuidado del paciente.

La finalidad de la lavandería es procesar la ropa sucia y contaminada convirtiéndola en ropa limpia que ayuda a la comodidad y cuidado del paciente.

La ropa sucia puede ser una fuente de contaminación microbiana. Para eliminar la posibilidad de infección son esenciales procedimientos adecuados para la recogida, transporte, procesamiento y almacenamiento de la ropa del hospital.

La ropa limpia debe de ser tratada con medidas higiénicas, ya que el resultado favorable del lavado-descontaminación puede perderse por completo si no se toman las precauciones necesarias.

7. c) La zona sucia de la zona limpia.

La barrera sanitaria es una separación física entre la zona sucia y la zona limpia, cuya finalidad es evitar la contaminación de la zona limpia con los microorganismos procedentes de la zona sucia.

8. c) La lavadora desagua por la zona limpia.

En la lavandería centralizada habrá una distribución de áreas: al menos contará con tres locales donde se diferencia la recepción y clasificación y, en su caso, esterilización de la ropa, el área de lavado y el área de almacén. Las dos últimas deben estar alejadas de cualquier dependencia que sea origen de suciedad. Habrá una separación entre el lado limpio y sucio con instalación de lavadoras en tabiques herméticos (carga y descarga por lados opuestos, desaguado por zona sucia…), limpieza química o térmica periódica, existencia de duchas, W.C. y vestuarios especiales, separación de los circuitos de aire fresco y aire viciado y eventualmente de las instalaciones de climatización, creando diferencias de presión entre las dos zonas (menor en la zona sucia).

9. c) Al salir del túnel de lavado.

Cuando la ropa limpia sale del túnel de lavado forma una "torta" que esta tan prensada que necesita ser desliada, y hay maquinas que hacen este trabajo.

10. a) Mediante secado.

Las toallas y otras prendas de tejido con rizo no se planchan. Se someten a un proceso de secado y después se pliegan.

11. a) Permite ver el contenido.

La ropa, una vez planchada y plegada será empaquetada con film transparente, de manera manual o mecánica, que permitan ver el contenido, y que la protejan de posibles contaminaciones.

12. c) Un peso inferior a la capacidad máxima de la máquina.

Toda máquina de lavado tiene una capacidad máxima, que es el peso máximo de ropa que puede lavar en cada ciclo. El peso de ropa recomendado será inferior a la capacidad máxima de la máquina, y la cantidad de ropa por lavado debe ajustarse a este peso recomendado. Si no es así, la eficacia del proceso disminuye.

13. d) Las respuestas a) y b) son correctas.

El planchado de la ropa consiste en la aplicación de calor con presión, para eliminar las arrugas que se forman en algunos tejidos durante el lavado y secado.

El calor que se aplica sobre los tejidos ayuda también a la eliminación total de la humedad que pudiera quedar en la prenda.

14. a) La circulación de aire será desde la zona limpia hacia la zona sucia.

Es necesario crear una presión de aire negativa en la zona sucia, de manera que la circulación de aire será desde la zona limpia a la zona sucia, y nunca al revés, ya que el aire actuaría como vehículo para la transmisión de los contaminantes.

15. c) 60 %.

El tambor gira de forma rápida y continuada, de manera que la fuerza centrífuga hace que las gotas de agua se desplacen hacia la periferia del tambor, y sea expulsada. Se logra así la eliminación de gran parte del agua. El peso de la ropa se reduce en un 60 % por la eliminación del agua.

16. a) Propia.

Este modelo de lavandería tiene gestión propia como centro de gasto, lo que permite contar con presupuesto suficiente para la adquisición de materiales y renovación de equipos, así como contratación de personal especializado.

17. b) Deberá ir instalada de tal manera que no abra una sin que haya cerrado totalmente la otra.

Puertas: deben de ser de material de PVC si por ellas ha de pasar carros de transporte de ropa o mercancías. Las puertas de acceso a la cabina de desinfección entre área limpia y sucia deben estar comunicadas de tal forma que no abra una sin que haya cerrado la otra completamente.

18. b) Las áreas de trabajo se situarán siguiendo el orden lógico del proceso.

Marcha adelante:

Las áreas de trabajo se situarán siguiendo el orden lógico del proceso. De esta manera la ropa avanzara por las diferentes áreas para ser sometida a las operaciones correspondientes de manera sucesiva, sin que se produzcan retrocesos a fases previas, ni cruces entre la ropa sucia y la limpia.

19. a) Prendas con características similares que puedan ser sometidas al mismo programa de lavado.

Para optimizar el proceso la ropa se debe separar y clasificar en lotes que se Irán cargando en las máquinas para someterse a un ciclo de lavado. Los lotes de ropa deben contener prendas con características similares, que puedan ser sometidas al mismo programa de lavado.

20. d) Todas las respuestas son correctas.

Cuando el peso de ropa por lavado es mayor que el recomendado, surgen los siguientes problemas:

- La ropa queda más apretada, dificultando que los productos puedan penetrar en los tejidos. Este problema no se va a resolver aumentando la dosis de detergente.

- Las prendas no quedan limpias, y pueden permanecer restos de suciedad en algunas zonas.

- Las maquinas trabajan más forzadas, y el sistema se puede dañar causando una avería.

TEST N.º 12

Medios y recursos materiales del servicio de lavandería y planchado. Zona de clasificación, contenedores, mesas de clasificación, cintas y básculas. Sistemas de lavado de ropa: lavadoras y túneles de lavado. Sistemas de secado/planchado de ropa: secadoras, calandras, plegadoras, centrales de planchado y túneles de secado, doblado y apilado. Nociones básicas de mantenimiento de los equipos

1. Las lavanderías verticales utilizan la fuerza de gravedad para transportar las prendas sucias entre una planta y otra inferior pero, ¿qué sistema utilizan para ahorrar energía?

a) Transportadores aéreos de raíles.
b) Tolvas.
c) Ascensores.
d) Pesebres.

2. La reposición de productos en las máquinas lavadoras se efectuará mediante bomba de trasvase:

a) Al principio de la jornada.
b) A mitad de la jornada.
c) Al final de la jornada.
d) Cuando se acabe.

3. ¿En qué se diferencian las cintas de bandas y las de rodillos?

a) En el sistema de arrastre.
b) Las primeras sirven para el desplazamiento horizontal y las segundas para el vertical.
c) Las primeras están formadas por bandas paralelas y las segundas por bandas verticales.
d) Todas las respuestas son correctas.

4. ¿Qué factor/es se tendrá/n en cuenta a la hora de elegir una nueva máquina?

a) Tipo y cantidad de ropa.
b) Calidad de ropa.

125

c) Grado de suciedad.
d) Todas las respuestas son correctas.

5. ¿Cómo se selecciona el producto más adecuado?

a) Haciendo pruebas de lavado.
b) Por el precio.
c) Mirando la composición.
d) Solo se tendrá en cuenta la función y su eficacia.

6. ¿Cómo es la parte superior de la prensa de planchado?

a) Abatible.
b) Inmóvil.
c) Almohadillada.
d) Todas las respuestas son correctas.

7. ¿Para qué caso utilizaría planchado por difusión de vapor?

a) Tejidos muy delicados.
b) Sábanas.
c) Toallas.
d) Todas las respuestas son correctas.

8. ¿Puede un trabajador hacer un cambio de circuito dentro de la misma jornada?

a) No, nunca.
b) Sí, siempre que se requiera.
c) No sin aseo previo.
d) Sí, sin aseo previo.

9. ¿Qué es la calandra?

a) Un equipo de lavado.
b) Un equipo de planchado.
c) Un sistema de depuración de agua.
d) Un tipo de lavandería.

10. ¿Qué características tendrá un lote de ropa para el lavado?

a) Contendrá ropa que vaya a someterse al mismo programa de lavado.
b) Tendrá un peso de ropa no superior a la capacidad de la máquina.
c) Contendrá prendas con características similares.
d) Todas las respuestas son correctas.

11. ¿Qué es falso sobre el sistema de lavado discontinuo?

a) Es el sistema utilizado por las lavadoras convencionales.
b) Consiste en la separación de las fases.
c) Es un sistema que nunca se utiliza en las lavanderías hospitalarias.
d) Se utiliza una máquina lavadora con un tambor rotativo que realiza todas y cada una de las fases del proceso de lavado de forma separada y ordenada.

12. ¿Qué tipo de cinta móvil es la más utilizada para la clasificación de ropa?

a) Bandas.
b) Rodillos.
c) Tablillas.
d) Ninguna de ellas se utiliza.

13. ¿Qué son pesebres?

a) Contenedores para clasificación de ropa limpia.
b) Contenedores para clasificación de ropa sucia.
c) Baldas para el almacenamiento de ropa limpia.
d) Tolvas.

14. El planchado por difusión a vapor se utiliza en:

a) Tejidos resistentes con formación de rayas.
b) Tejidos poco delicados.
c) Tejidos muy delicados que no precisan de pliegues.
d) Tejidos de algodón y lino.

15. ¿Cómo se dosifica el detergente en una lavadora-centrífuga?

a) Por bombas de impulso.
b) Por bombas centrífugas.
c) Por bombas peristálticas.
d) Por bombas manuales.

16. ¿Qué medida se utilizará para reducir al mínimo los riesgos durante la utilización de equipos?

a) Plan de mantenimiento.
b) Reparaciones en 24 horas.
c) Renovación de maquinaria anual.
d) Todas las respuestas son correctas.

17. ¿Cuál de estos elementos forman parte de los equipos de clasificación de ropa sucia?

a) Mesa de clasificación.
b) Tolvas.
c) Cinta transportadora.
d) Todas las respuestas son correctas.

18. ¿Qué medio utiliza una tolva para el transporte de ropa?

a) Electricidad.
b) Fuerza centrífuga.
c) Gravedad.
d) Fuerza centrípeta.

19. ¿Cómo influyen los productos de lavado en el desgaste de los tejidos?

a) Las fibras evitan que las fibras se queden unidas entre sí, deshaciendo el tejido.
b) Eliminan poco a poco el color.
c) Se incrustan entre las fibras que componen los tejidos, deteriorándolas y acortando la vida media de las prendas.
d) Ninguna respuesta es cierta.

20. ¿A qué velocidad una centrifugadora realiza un centrifugado normal? A la velocidad de...

a) 81 G.
b) 220 G.
c) 300 G.
d) 425 G.

En MADTEST tienes **más preguntas de este tema**, y todos tus avances quedan registrados y se reflejan en el ranking.

¡Supera tus límites con MADTEST!

Soluciones comentadas

1. b) Tolvas.

Las tolvas son conductos para el transporte de las prendas, por los que caen utilizando la gravedad. Se usan en lavanderías de estructura vertical para que las prendas pasen de una fase a otra que se realiza en otra planta a nivel más bajo, ya que utiliza la fuerza de la gravedad.

2. c) Al final de la jornada.

Las reposiciones de producto se efectuarán también al final de la jornada mediante la bomba de trasvase y se dejará preparada la carga para trabajar el día siguiente.

3. a) En el sistema de arrastre.

- Cintas de banda: el sistema de arrastre o transporte está formado por una banda continua que se mueve mediante dos rodillos en los extremos. Este sistema es el más utilizado para la clasificación de ropa.

- Cintas de rodillos: la línea de arrastre o transporte está formada por un conjunto de rodillos, uno a continuación del otro, que giran al mismo tiempo, pero de manera independiente.

4. d) Todas las respuestas son correctas.

Al elegir una nueva máquina para la lavandería, se deben tener en cuenta varios factores como:

- Tipo de ropa que se va a tratar.

- Cantidad de ropa que se va a procesar.

- Calidad de la ropa.

- Grado de suciedad de la ropa.

- Turnos de trabajo.

- Distribución del trabajo.

- Previsión de incidencias.

- Sencillez de manejo.

- Concordancia entre las fases.

- Presupuesto.

5. a) Haciendo pruebas de lavado.

Para seleccionar el producto más adecuado en una lavandería, es necesario realizar pruebas de lavado para evaluar su eficacia y adaptación a las necesidades específicas de la ropa y del proceso de lavado. consiste en lavar repetidamente una muestra de tejido, y valorar parámetros varios.

6. a) Abatible.

La parte superior de la prensa de planchado es abatible para facilitar la colocación y retirada de la ropa a planchar. Hecha de acero, y plancha cóncava perforada para permitir la salida de vapor. En la plancha es donde se encuentran las resistencias eléctricas.

7. a) Tejidos muy delicados.

Este método se emplea en tejidos muy delicados y que no precisan de pliegues o formación de rayas. Es el caso de visillos, cortinajes y estores.

8. c) No sin aseo previo.

Es importante que los trabajadores que manipulen ropa sucia no tengan contacto con la ropa limpia, de manera que el personal trabajara de manera específica en el circuito limpio, o en el circuito sucio. El cambio de circuito dentro de la misma jornada laboral, no se hará sin dar un tiempo para el aseo al trabajador.

9. b) Un equipo de planchado.

La calandra es un equipo de planchado utilizado para planchar grandes cantidades de ropa de manera continua y eficiente.

Es un sistema de planchado para ropa lisa, también denominada ropa de línea, que es aquella que no presenta costuras, como por ejemplo sábanas, manteles, fundas de almohada, etc.

Para planchar la ropa lisa se utiliza un sistema compuesto por rodillos de hierro protegidos por un muletón termorresistente, que se denomina calandra.

10. d) Todas las respuestas son correctas.

Para optimizar el proceso, la ropa debe separarse y clasificarse en lotes que se irán cargando en las máquinas para someterse a un ciclo de lavado. Los lotes de ropa deben contener prendas con características similares, que puedan someterse al mismo programa de lavado. Toda máquina de lavado tiene una capacidad máxima, que es el peso máximo de ropa que puede lavar en cada ciclo. El peso de ropa recomendado será inferior a la capacidad máxima de la máquina.

11. c) Es un sistema que nunca se utiliza en las lavanderías hospitalarias.

El sistema de lavado discontinuo consiste en la separación de las fases en el tiempo y aunque es comúnmente utilizado en las lavadoras convencionales, también puede encontrarse en algunas lavanderías hospitalarias, dependiendo de sus necesidades específicas. En una lavandería hospitalaria se usa este sistema para pequeños volúmenes de ropa, prendas menudas, o ropa que necesita un tratamiento especial.

12. a) Bandas.

Existen diferentes tipos de cintas, dependiendo del sistema de transporte:

- Cintas de banda: el sistema de transporte está formado por una banda continua que se mueve mediante dos rodillos en los extremos. Este sistema es el más utilizado para la clasificación de ropa.

- Cintas de rodillos: la línea de transporte está formada por un conjunto de rodillos, uno a continuación del otro, que giran al mismo tiempo pero de manera independiente.

- Cintas de tablillas: el sistema de arrastre está formado por una sucesión de tablillas paralelas.

- Cintas elevadoras: el sistema ayuda al desplazamiento de la ropa hasta una zona más alta. Se puede utilizar para mover la ropa hasta la boca del túnel de lavado o de otros equipos, o para el traslado de ropa en una lavandería de estructura vertical.

13. b) Contenedores para clasificación de ropa sucia.

Los pesebres son contenedores utilizados específicamente para la introducción y clasificación de ropa sucia en una lavandería, facilitando así el proceso de separación y organización de la ropa según su grado de suciedad y tratamiento necesario. Cuentan con una estructura de tubo de acero inoxidable con saco desmontable de tejido plastificado, o bien es una estructura de plástico o resina. Tienen ruedas giratorias para poder desplazarlos.

14. c) Tejidos muy delicados que no precisan de pliegues.

El planchado por difusión a vapor se utiliza principalmente en tejidos muy delicados que no requieren pliegues o formación de rayas, ya que el vapor ayuda a suavizar y eliminar arrugas de manera suave y efectiva. Es el caso de visillos, cortinajes y estores.

15. b) Por bombas centrífugas.

En cuanto al sistema de dosificación del detergente, se utiliza el sistema de depósito de predisolución del centro, trabajando con una dilución del 10 % del producto lo que equivale a añadir 8 sacos de 25 kilos al depósito de 2000 litros. Las reposiciones de producto se efectuarán al final de la jornada y se dejará preparada la solución para el día siguiente.

Dicha predisolución se dosifica mediante bombas de impulsos al túnel y mediante bombas centrífugas a las lavacentrífugas. Se efectúa un arrastre de producto mediante la entrada de agua de la red durante un periodo de tiempo determinado.

En lo que a los aditivos de blanqueo se refiere se dosifican mediante las bombas peristálticas.

16. a) Plan de mantenimiento.

El uso continuado de los equipos y maquinaria de la lavandería conlleva un desgaste de las piezas, que puede provocar diferentes tipos de averías. Es necesario llevar a cabo un mantenimiento de todos los equipos para que funcionen siempre perfectamente, y el proceso siga su curso con las mínimas interrupciones posibles.

Se debe elaborar un plan de mantenimiento acorde con los objetivos generales de la lavandería, es decir, que se mantenga la producción de ropa tanto cuantitativa (kilos de ropa producida), como cualitativamente (ropa perfectamente limpia, con tejidos no deteriorados, y aspecto agradable y confortable). Para ello se fijará una periodicidad para las revisiones, se dispondrá de personal y recursos para reparar las averías, y se tendrán en cuenta los costes de todo ello.

17. d) Todas las respuestas son correctas.

Entre los elementos que forman parte de los equipos de clasificación de ropa sucia se encuentran la mesa de clasificación, las tolvas y la cinta transportadora. Todos estos elementos son fundamentales para llevar a cabo una clasificación eficiente de la ropa según su grado de suciedad y tipo de tratamiento necesario.

18. c) Gravedad.

Una tolva utiliza la fuerza de gravedad para el transporte de la ropa entre distintas áreas de la lavandería, facilitando así la movilidad de la ropa de manera eficiente y sin necesidad de energía adicional.

19. c) Se incrustan entre las fibras que componen los tejidos, deteriorándolas y acortando la vida media de las prendas.

Los productos de lavado pueden influir en el desgaste de los tejidos al incrustarse entre las fibras, deteriorándolas y acortando la vida útil de las prendas. Los productos elegidos deberán ser poco agresivos con la ropa, ayudando a su conservación en condiciones óptimas.

20. a) 81 G.

Hay varios tipos de centrífugas en función de la velocidad:

– Centrifugado normal: 81 G.

– Centrifugado extra: 220 G.

– Centrifugado alto: 300-425 G.

TEST N.º 13

La ropa hospitalaria: tipos, características, usos, cantidad y calidad de los tejidos. Tipos y eliminación de manchas. Tipos de tejidos. Fibras: características, propiedades y variedad (de origen animal, vegetal y sintéticas). El cuidado de los textiles. La ropa limpia: manipulación en el empaquetado/distribución, reparación y marcaje; transporte y almacenamiento. La ropa sucia: manipulación, recogida, transporte y almacenamiento

1. ¿Cuál es la temperatura máxima que se debe aplicar sobre una prenda de rayón durante el planchado?

a) 110 ºC
b) 150 ºC
c) 200 ºC
d) 250 ºC

2. ¿Cómo se almacena la ropa limpia?

a) Empaquetada y en carros destinados a tal uso.
b) Empaquetada y sobre estantes limpios y desinfectados.
c) Plegada y dentro de los armarios.
d) Ninguna respuesta es correcta.

3. ¿Qué afirmación es falsa acerca de la manipulación de ropa limpia?

a) La ropa limpia será sometida a la mínima manipulación posible, mecanizando y automatizando todos los procesos posibles.
b) Es importante aplicar una temperatura de planchado adecuada para cada tipo de tejido, ya que la aplicación de temperaturas más altas dañaría los tejidos.
c) El empaquetado de la ropa se hará tocando lo menos posible las prendas y, siempre que sea posible, se hará mecánicamente.
d) Las prendas que se van a reparar serán manipuladas mínimamente para evitar que actúen como vehículo de transmisión de enfermedades.

4. ¿Cuál de las siguientes es una fibra de celulosa regenerada?

a) Seda.
b) Fibrola.
c) Rayón.
d) Lino.

5. ¿Qué factores influyen en la duración de los tejidos?

a) Uso de la ropa.
b) La calidad de los tejidos.
c) La calidad del agua.
d) Todos los anteriores.

6. ¿Cómo influye el planchado en calandra sobre las manchas de grasa?

a) Ayuda a su eliminación.
b) Las fija más.
c) Emulsiona la grasa de la mancha gracias a las altas temperaturas.
d) No influye.

7. ¿En qué se diferencian el pelo y la lana?

a) La lana tiene su superficie recubierta de pequeñas y abundantes escamas.
b) El pelo tiene su superficie recubierta de pequeñas y abundantes escamas.
c) La lana es blanca y el pelo oscuro.
d) La lana es más gruesa que el pelo.

8. ¿Cuál de las siguientes no es una fibra natural?

a) Lana.
b) Lino.
c) Nilón.
d) Algodón.

9. ¿Qué ventajas tienen los tejidos de algodón?

a) Se teje y tiñe fácilmente dando tejidos resistentes, absorbentes y cómodos.
b) Su recolección es sencilla.
c) La calidad es siempre la misma y no depende de las condiciones climáticas.
d) Todas las respuestas son correctas.

10. ¿Qué tipo de fibra es el lino?

a) Es una fibra natural vegetal que se obtiene de los tallos de la planta.
b) Es una fibra natural vegetal que se obtiene de las semillas de la planta.
c) Es una fibra artificial.
d) Es una fibra natural de origen animal.

11. ¿Qué son los tejidos?

a) Los productos obtenidos mediante el proceso de entrelazar hilos de forma regular para fabricar un producto plano.
b) Los productos obtenidos por el entrecruzamiento de tejidos de urdimbre con otros.
c) Los productos obtenidos por la cohesión de fibras.
d) Los productos obtenidos por el entrecruzamiento transversal de los hilos de la trama con los de la urdimbre.

12. ¿Qué define el concepto de ropa producida?

a) Cantidad de ropa sucia que entra en la lavandería.
b) Cantidad de ropa que ha sido sometida a todo el proceso: lavado, planchado y empaquetado.
c) Cantidad de ropa que se somete al proceso de lavado e higienización.
d) Cantidad de ropa que necesita ser planchada.

13. ¿Qué factores determinan el tratamiento que se debe dar a la ropa en la lavandería?

a) Uso.
b) Color.
c) Tejido.
d) Todas las respuestas son correctas.

14. ¿Qué características debe tener una fibra textil?

a) Gran longitud y pequeño diámetro.
b) Cierto grado de aspereza.
c) Falta de cohesión.
d) Debe tener todas las características anteriores.

15. ¿Qué tipo de ropa son los pijamas?

a) De línea.
b) De forma.
c) Lisa.
d) Las opciones a) y c) son correctas.

16. ¿Qué es ropa de forma?

a) Son piezas de forma irregular, constituidas por varias piezas unidas por costuras, que necesitan ser planchadas por procedimientos especiales, manuales o mecánicos.
b) Son prendas de forma regular, constituidas por una sola pieza y sin costuras, que se pueden planchar en calandra.

c) Las dos respuestas son correctas.
d) Las dos respuestas son falsas.

17. ¿Cuál de las siguientes afirmaciones es correcta?

a) Un hilo es el resultado de la unión sólida de un conjunto de fibras dispuestas de forma paralela y a las que se aplica una fuerza de torsión.

b) Cuando durante el hilado se aplica una torsión fuerte se obtienen hilos resistentes, que darán telas más duras, resistentes al rozamiento y que se ensucian y arrugan menos.

c) Se puede obtener hilo a partir de fibras cortas por un proceso de cardado y posterior peinado para estirarlas, además de la torsión.

d) Todas las respuestas son correctas.

18. ¿Qué parámetros determinan el rizado de la fibra?

a) Longitud y grosor.
b) Forma, frecuencia y amplitud.
c) Color y tensión.
d) Todas las respuestas son correctas.

19. ¿Qué es la ropa de línea?

a) Son piezas de forma irregular constituidas por varias piezas unidas por costuras.

b) Son las prendas que necesitan ser planchadas por procedimientos especiales, manuales o mecánicos.

c) Son prendas de forma regular constituidas por una sola pieza y sin costuras.

d) Son prendas que se lavan en calandra.

20. ¿Qué tipo de fibra es el algodón?

a) Vegetal.
b) Animal.
c) Tallos de plantas.
d) Sintética.

En MADTEST tienes **más preguntas de este tema**, y todos tus avances quedan registrados y se reflejan en el ranking.

¡Supera tus límites con MADTEST!

Soluciones comentadas

1. a) 110 ºC

El rayón es sensible al calor y requiere temperaturas más bajas durante el planchado para evitar daños. Las temperaturas máximas para los diferentes tejidos son:

- Temperatura máxima de 200 ºC para algodón y lino.
- Temperatura máxima de 150 ºC para lana, mezclas y poliéster.
- Temperatura máxima de 110 ºC para seda natural, rayón, acrílicos o acetatos.
- Algunos tejidos como los elásticos, las fajas, los pantis, etc., no se pueden planchar.

2. b) Empaquetada y sobre estantes limpios y desinfectados.

Para garantizar la higiene, la ropa limpia debe almacenarse en estantes limpios y desinfectados después de ser empaquetada.

3. d) Las prendas que se van a reparar serán manipuladas mínimamente para evitar que actúen como vehículo de transmisión de enfermedades.

Al ser ropa limpia ya ha sido previamente lavada y por tanto no debe de contener patógenos, por eso se pueden manipular sin problema. Además, tras su reparación vuelven a iniciarse en el proceso de lavado.

4. c) Rayón.

El rayón es un ejemplo de fibra artificial de celulosa regenerada, diferente de las fibras naturales como la seda.

5. d) Todos los anteriores.

La duración de los tejidos puede verse afectada por varios factores, incluyendo el uso, la calidad de los tejidos y la calidad del agua. Además también influeyn el tratamiento, los productos de lavado y la formación de manchas.

6. b) Las fija más.

El planchado en calandra tiende a fijar las manchas de grasa en lugar de eliminarlas, por eso es preciso eliminarlas antes con el uso de detergentes y altas temperaturas de lavado.

7. a) La lana tiene su superficie recubierta de pequeñas y abundantes escamas.

Esta característica distingue a la lana de otros tipos de fibras como el pelo.

8. c) Nilón.

A diferencia de las otras opciones, el nilón es una fibra sintética y no una fibra natural.

9. a) Se teje y tiñe fácilmente dando tejidos resistentes, absorbentes y cómodos.

El algodón es apreciado por su facilidad de teñido y su capacidad para producir tejidos cómodos, absorbentes y resistentes.

10. a) Es una fibra natural vegetal que se obtiene de los tallos de la planta.

El lino es una fibra obtenida de los tallos de la planta de lino, como el cáñamo, yute y ramio.

11. a) Los productos obtenidos mediante el proceso de entrelazar hilos de forma regular para fabricar un producto plano.

Los tejidos son productos textiles obtenidos mediante el proceso de entrelazar hilos de forma regular para crear una estructura plana y flexible, que constituye la base de las prendas de vestir y otros productos textiles.

12. b) Cantidad de ropa que ha sido sometida a todo el proceso: lavado, planchado y empaquetado.

La ropa producida se refiere a la cantidad de prendas que han pasado por todos los pasos del proceso de lavado, planchado y empaquetado, listas para su distribución.

13. d) Todas las respuestas son correctas.

La elección del tratamiento adecuado para la ropa en la lavandería depende de varios factores, incluyendo el uso previsto de la prenda, su color y el tipo de tejido del que está hecha, así como la forma y cantidad de ropa tratada.

14. a) Gran longitud y pequeño diámetro.

Las fibras deben tener las siguientes características:

– Gran longitud
– Pequeño diámetro
– Resistencia a la tracción
– Resistencia a la flexión
– Suavidad
– Elasticidad o flexibilidad
– Cohesión
– Porosidad

15. b) De forma.

Los pijamas son considerados prendas de forma, ya que su estructura es irregular y están compuestos por varias piezas unidas por costuras. No son prendas de línea, que son piezas regulares formadas por una sola pieza de tela.

16. a) Son piezas de forma irregular, constituidas por varias piezas unidas por costuras, que necesitan ser planchadas por procedimientos especiales, manuales o mecánicos.

Son piezas de forma irregular, constituidas por varias piezas unidas por costuras. Necesitan ser planchadas por procedimientos especiales, manuales o mecánicos. Son prendas de este tipo los pantalones, camisas, batas, camisones, pijamas, etc.

Dentro de este tipo de ropa están los uniformes.

17. d) Todas las respuestas son correctas.

Un hilo es el resultado de la unión sólida de un conjunto de fibras dispuestas de forma paralela, y a las que se aplica una fuerza de torsión. Los hilos obtenidos a partir de fibras largas tienen mejor calidad. En el caso de fibras cortas, es necesario un proceso de cardado para unirlas, y posterior peinado para estirarlas, además de la torsión.

Cuando durante el hilado se aplica una torsión fuerte, se obtienen hilos resistentes, que darán telas más duras, resistentes al rozamiento, y que se ensucian y arrugan menos. Sin embargo, la torsión ligera proporciona telas de superficie suave.

18. b) Forma, frecuencia y amplitud.

Los parámetros que la determinan son:

1. La forma: bidimensional (diente de sierra) o tridimensional (muelle).

2. La frecuencia: número de ondulaciones por unidad de longitud.

3. La amplitud: distancia entre los picos de una onda completa.

19. c) Son prendas de forma regular constituidas por una sola pieza y sin costuras.

La ropa de línea se refiere a prendas que tienen una estructura regular y están formadas por una sola pieza de tela, sin necesidad de costuras adicionales para su confección.

20. a) Vegetal.

El algodón es una fibra natural de origen vegetal, obtenida de los frutos del algodonero. Es una de las fibras más utilizadas en la industria textil debido a sus propiedades de suavidad, transpirabilidad y resistencia.

TEST N.º 14

Procesos de lavado y desinfección de ropa hospitalaria. Prelavado y lavado de ropa. Programas de lavado. Tipos de locales e indicaciones técnicas en el procesado de ropa. Tipos de lavanderías, clasificación, características y configuración. Normas de actuación del personal. Controles higiénicos. Los tipos de detergentes. Manipulación de productos: envasado, etiquetado y contenido de la etiqueta, Fichas Técnicas y Fichas de Datos de Seguridad. Procesos de selección de detergentes y productos de lavado

1. ¿Cuándo se realiza la fase de humectación?

a) A la mitad del lavado.
b) En el prelavado.
c) Antes del resto de las fases del proceso de lavado.
d) Las respuestas b) y c) son correctas.

2. ¿Por dónde pasa la ropa en el túnel de lavado?

a) Entra por la zona sucia y sale por la zona limpia.
b) Entra por la zona limpia y sale por la zona sucia.
c) Entra y sale por la zona sucia.
d) Entra y sale por la zona limpia.

3. ¿Qué características tiene una lavandería horizontal?

a) Poca capacidad productiva.
b) Gestión propia como centro de gasto.
c) Todas las secciones se localizan en la misma planta.
d) Todas son correctas.

4. ¿Qué características tiene una lavandería vertical?

a) Cuenta con presupuesto propio.
b) Tiene capacidad productiva baja pero suficiente para atender las necesidades del centro del que depende.

c) Las diferentes secciones se sitúan en varias alturas.

d) Todas las respuestas son correctas.

5. ¿Cuál de las siguientes normas de actuación del personal de una lavandería es errónea?

a) La entrada de ropa sucia en el túnel de lavado se efectuará por la zona sucia.

b) La salida de ropa se hará por la zona limpia.

c) La entrada y salida de ropa se hará de forma simultánea por la misma puerta.

d) En el control del agua se medirán diferentes parámetros (dureza, pH, concentración de metales, cloruros y temperatura).

6. ¿Qué equipos de protección individual usarán los trabajadores para la manipulación de ropa sucia?

a) Bata, gorro, mascarilla y guantes.

b) Bata y mascarilla.

c) Solo guantes.

d) Ninguno de ellos.

7. ¿Qué ventajas tiene el ácido acético como detergente?

a) Forma espuma.

b) Su acción es de larga duración.

c) Es protector del color durante el lavado.

d) Es insensible a la materia orgánica.

8. ¿En qué fase del proceso se efectuará un control?

a) En la clasificación.

b) En el lavado.

c) En la distribución.

d) En todas las fases.

9. Señala cuál de los siguientes compuestos químicos actúa como blanqueante:

a) Lejía.

b) Agua oxigenada.

c) Oxígeno activo.

d) Todas son correctas.

10. ¿Qué propiedades debe tener un detergente?

a) Poder humectante.

b) Poder dispersante.

c) Poder de suspensión.
d) Todas son correctas.

11. ¿De qué manera se usará perborato como blanqueante?

a) Se puede aplicar con agua caliente, a 80 ºC o más.
b) Se añadirá al agua caliente (80-90 ºC) y actuará durante 15 minutos.
c) Se inactiva con el calor, por lo que el agua no podrá superar los 40-50 ºC.
d) El agua oxigenada no se utiliza como blanqueante de ropa.

12. ¿Señale la opción incorrecta con respecto al sistema de ventilación de una lavandería?

a) La ventilación podrá ser natural o artificial.
b) Habrá siempre un sistema de renovación de aire.
c) El sistema de ventilación asegurará, al menos, a partir de 60 renovaciones de aire por hora.
d) Se garantizará que los flujos de aire vayan de las zonas limpias hacia las zonas sucias.

13. ¿Qué características tiene la lejía como desinfectante?

a) Es corrosiva para algunos metales.
b) Es inestable.
c) Es blanqueante.
d) Todas las respuestas son correctas.

14. ¿Cómo se realizará el lavado de prendas delicadas o que puedan desteñir?

a) A 60 ºC.
b) A 30 ºC.
c) A 45 ºC.
d) A 90 ºC.

15. ¿Cuál es la temperatura máxima de lavado para tejidos sintéticos de color?

a) 95 ºC
b) 60 ºC
c) 40 ºC
d) 30 ºC

16. ¿En qué tipo de configuración se produce la entrada y salida de ropa por lugares opuestos, pero con algún punto en el que se produce un ángulo para aprovechar el espacio?

a) I.
b) L.

c) U.

d) Ninguna.

17. ¿Qué inconvenientes tiene la estructura vertical en una lavandería?

a) El control del proceso resulta más complejo porque no se dispone de una visión general. Aunque se disponga de sistemas automáticos informatizados de control, cuando se detecta un fallo es necesario personarse en el lugar, lo que suele suponer un desplazamiento a otra planta.

b) Cualquier ampliación debe hacerse en vertical, lo que con frecuencia es difícil y, en la mayoría de los casos, imposible. Normalmente no se dispone de espacio, y aunque así fuera, la ampliación puede suponer una modificación en todo el sistema para mantener el sentido de avance del proceso.

c) La instalación de la maquinaria y la conexión de todo el sistema resulta difícil y cara.

d) Todas las respuestas son correctas.

18. ¿Qué finalidad tiene añadir agua oxigenada al lavado?

a) El aclarado de los tejidos.

b) El blanqueo de los tejidos.

c) Evitar que queden restos de cloro en los tejidos.

d) Evitar el desteñido.

19. ¿En qué unidades se mide el tiempo de planchado?

a) Metros.

b) Segundos.

c) Revoluciones por minuto.

d) Vueltas por segundo.

20. ¿En qué momento se añade el suavizante?

a) Durante el prelavado.

b) Antes del prelavado.

c) Después del lavado.

d) En el último aclarado.

En MADTEST tienes **más preguntas de este tema**, y todos tus avances quedan registrados y se reflejan en el ranking.

¡Supera tus límites con MADTEST!

Soluciones comentadas

1. c) Antes del resto de las fases del proceso de lavado.

La humectación es la primera fase del proceso de lavado, por lo que se produce antes del resto de fases.

2. a) Entra por la zona sucia y sale por la zona limpia.

La ropa entra en el túnel de lavado por la zona sucia, donde se encuentra sucia, y sale por la zona limpia, donde ya ha sido lavada y desinfectada.

3. c) Todas las secciones se localizan en la misma planta.

Una característica de una lavandería horizontal es que todas las secciones del proceso, como el lavado, el secado y el planchado, se encuentran en la misma planta o nivel.

4. c) Las diferentes secciones se sitúan en varias alturas.

Una característica de una lavandería vertical es que las diferentes secciones, como el lavado, el secado y el planchado, se distribuyen en distintas alturas, aprovechando el espacio vertical.

5. c) La entrada y salida de ropa se hará de forma simultánea por la misma puerta.

La entrada y salida de ropa en una lavandería se deben hacer por puertas diferentes para evitar la contaminación cruzada entre la ropa sucia y la limpia.

6. a) Bata, gorro, mascarilla y guantes.

El personal que manipula ropa sucia en una lavandería debe utilizar equipo de protección individual completo, incluyendo bata, gorro, mascarilla y guantes, para evitar la contaminación y proteger su salud.

7. c) Es protector del color durante el lavado.

El ácido acético no es un detergente, sino un componente que puede utilizarse en el proceso de lavado como protector del color de las prendas.

8. d) En todas las fases.

El control se llevará a cabo en todas las fases del proceso de lavandería para garantizar la calidad y la higiene de las prendas en cada etapa.

9. d) Todas son correctas.

La lejía, el agua oxigenada y el oxígeno activo son compuestos químicos comúnmente utilizados como blanqueantes en el proceso de lavado de ropa.

10. d) Todas son correctas.

Un detergente eficaz debe tener diversas propiedades, como poder humectante, dispersante y de suspensión, para eliminar la suciedad de las prendas durante el lavado.

11. a) Se puede aplicar con agua caliente, a 80 ºC o más.

El blanqueo de los tejidos puede realizarse con diferentes productos entre ellos el perborato que se puede aplicar con agua caliente, a 80 ºC o más. Se usará para prendas que no soporten los productos clorados, como por ejemplo la ropa de neonatos.

12. c) El sistema de ventilación asegurará, al menos, a partir de 60 renovaciones de aire por hora.

La ventilación podrá ser natural o artificial, pero habrá siempre un sistema de renovación de aire, que sirva para la evacuación de humos y vapores generados en la actividad propia de la lavandería, y la regeneración de aire limpio. Este sistema asegurará al menos 30 renovaciones de aire por hora. Se garantizará que los flujos de aire vayan de las "zonas limpias" hacia las "zonas sucias".

13. d) Todas las respuestas son correctas.

La lejía tiene varias características como desinfectante, incluyendo su acción corrosiva para algunos metales, su inestabilidad y su capacidad blanqueante.

14. b) A 30 ºC.

La etiqueta indica la temperatura máxima a la que se deben lavar las prendas:

– Temperatura máxima de 95 ºC: ropa blanca de algodón (sábanas, toallas, visillos, manteles, etc.).

– Temperatura máxima de 60 ºC: ropa de colores sólidos que no destiñan.

– Temperatura máxima de 40 ºC: prendas de tejidos sintéticos de color.

– Temperatura máxima de 30 ºC: prendas delicadas o que puedan desteñir.

15. c) 40 ºC

La etiqueta indica la temperatura máxima a la que se deben lavar las prendas:

- Temperatura máxima de 95 ºC: ropa blanca de algodón (sábanas, toallas, visillos, manteles, etc.).
- Temperatura máxima de 60 ºC: ropa de colores sólidos que no destiñan.
- Temperatura máxima de 40 ºC: prendas de tejidos sintéticos de color.
- Temperatura máxima de 30 ºC: prendas delicadas o que puedan desteñir.

16. b) L.

La entrada de la ropa sucia y la salida de la ropa limpia se disponen en lugares opuestos, el avance es en un sentido, pero en algún punto se produce un ángulo para aprovechar el espacio.

17. d) Todas las respuestas son correctas.

La estructura vertical en una lavandería industrial presenta varios inconvenientes, como el coste de la maquinaria y la conexión de todo el sistema, rotura por golpes de bolsas de ropa, la dificultad en el control del proceso, la limitación para la ampliación y la complejidad en la instalación de la maquinaria, el coste de instalación de escaleras y ascensores más elevado, etc.

18. b) El blanqueo de los tejidos.

El peróxido de hidrógeno (H_2O_2), o agua oxigenada, es un fuerte oxidante por liberación de oxígeno, que por tanto ayuda al desmanchado de la ropa, teniendo un efecto de blanqueo.

Actúa también como desinfectante, ya que el oxígeno liberado por efervescencia destruye los microorganismos anaerobios estrictos.

19. b) Segundos.

El tiempo de planchado se mide en segundos, indicando el período durante el cual se aplica calor y presión sobre las prendas para obtener el resultado deseado.

20. d) En el último aclarado.

El suavizante se añade en el último aclarado del ciclo de lavado para mejorar el tacto de las prendas, el olor y reducir la estática. No es recomendable en todo tipo de tejidos.

TEST N.º 15

Concepto de calidad en hostelería hospitalaria y, en especial, en el proceso de lavado-planchado. La calidad percibida por el usuario. Aportación del proceso textil en la calidad percibida por el usuario. El trabajo en equipo: análisis de las medidas que favorecen su implantación

1. La utilidad del funcionamiento en equipos aporta ciertos beneficios. Señala la respuesta incorrecta:

a) Permite organizarse de una manera mejor.
b) Aumenta la carga de trabajo, aunque dicha carga es compartida con los demás.
c) Aumenta la motivación de los profesionales.
d) Mejora la calidad de los resultados.

2. ¿Qué aspecto se debe considerar en la calidad percibida por el usuario del servicio de lavandería hospitalaria?

a) Solo la durabilidad de las prendas.
b) Solo la estética de la ropa.
c) Factores tangibles, como la durabilidad y la estética, y sensoriales.
d) Solo la rapidez del servicio.

3. ¿Qué técnica ayuda a mejorar la percepción de calidad en las prendas hospitalarias?

a) Usar telas recicladas sin control de calidad.
b) Evitar tratamientos postejeduría.
c) Aplicar tratamientos antiarrugas y antibacterianos.
d) Lavar las prendas solo en frío.

4. ¿Cuál podría ser la dificultad que surja al formar un equipo de trabajo con más de diez integrantes?

a) Carecer de recursos.
b) Diluir las responsabilidades.

c) Resultar insuficiente para los objetivos propuestos.
d) Poca operatividad.

5. ¿Cómo se denomina a aquel sujeto con capacidad para formar, orientar y dar criterio a un determinado grupo de lavanderas, en una institución sanitaria?

a) Líder.
b) Intelectual.
c) Asertivo.
d) Prolíder.

6. ¿Qué característica del líder de un grupo multidisciplinario no es cierta?

a) Ha de ocupar una posición de autoridad legítima.
b) Debe poseer unos conocimientos técnicos que sustenten y respalden su tarea directiva.
c) No debe estar dotado de un poder coercitivo, aunque sí premiador.
d) A nivel emocional debe ser un individuo equilibrado.

7. Una vez definidos los objetivos propios a alcanzar del equipo de salud, se debe tener en cuenta que reúnan los atributos siguientes, excepto:

a) Alcanzables o posibles de realizar.
b) No necesariamente relacionados con el campo de la salud.
c) Realistas.
d) Conocidos por todos.

8. ¿Qué características de estas debe reunir un líder en un grupo de trabajo multidisciplinario?

a) Actividad, vigor físico y capacidad de trabajo.
b) No necesariamente debe poseer equilibrio emotivo.
c) Poca aptitud para el trato.
d) Amoral.

9. ¿Qué factor influye más positivamente en el buen clima en el trabajo de un equipo de salud?

a) La edad de los miembros.
b) La buena formación de sus integrantes.
c) Partir todos de una actitud favorable en el trabajo de equipo.
d) La experiencia laboral análoga de sus miembros.

10. ¿Qué medida es esencial para asegurar que las prendas hospitalarias sean percibidas como higiénicas y cómodas?

a) Uso exclusivo de tejidos sintéticos.
b) Lavar siempre las prendas en frío.

c) Planchar las prendas para eliminar arrugas y asegurar su confort.
d) Utilizar solo detergentes sin desinfectantes.

11. ¿Qué rol es más probable que desempeñe aquel miembro de un equipo de trabajo que se caracteriza por tener mucho gusto y facilidad para las relaciones humanas?

a) El pícaro.
b) El colaborador.
c) El empatizador.
d) El activador.

12. ¿Qué rol consideras que es funcional de producción en un equipo de trabajo?

a) El crítico.
b) El iniciador.
c) El pícaro.
d) El negativo.

13. ¿Cuál es la cifra recomendada en cuanto a número de miembros en los equipos de salud?

a) De aproximadamente 5.
b) De aproximadamente 10.
c) De aproximadamente 15.
d) De aproximadamente 20.

14. ¿Qué rol consideras disfuncional en un equipo de trabajo?

a) El crítico.
b) El iniciador.
c) El colaborador.
d) El intelectual.

15. ¿En qué tipo de equipo no importa la disciplina sino el problema a resolver?

a) Equipo transdisciplinar.
b) Equipo pluridisciplinar.
c) Equipo multidisciplinar.
d) Equipo interdisciplinar.

16. ¿En qué etapa de la puesta en marcha de un equipo de trabajo se superan generalmente los enfrentamientos personales y el proyecto comienza a salir adelante?

a) En la etapa de inicio.
b) En la etapa de madurez.

c) En la etapa de acoplamiento.
d) En la etapa de primeras dificultades.

17. ¿En qué fase del proceso de un equipo de trabajo se da frecuentemente la disponibilidad, la visión positiva, la ilusión ante un proyecto y el mantenimiento de relaciones cordiales entre los miembros?

a) En la fase de inicio.
b) En la fase de primeras dificultades.
c) En la fase de agotamiento.
d) En ninguna de las anteriores.

18. Señala la respuesta incorrecta. La capacidad para dirigir un equipo se pone de relieve en la consecución de los objetivos de:

a) Orientar a los subordinados.
b) Motivar a los subordinados.
c) Guiar a los subordinados.
d) Evaluar a los subordinados.

19. ¿Cómo se denomina la acción encaminada a impulsar el comportamiento de otras personas en una determinada dirección, que se estima conveniente, dentro de un equipo de trabajo eficiente?

a) Acción de liderazgo.
b) Excitabilidad del equipo.
c) Eficiencia de constatación.
d) Motivación-Incentivación.

20. Un clima favorable de trabajo en un equipo de salud debe cumplir todo lo que se expone excepto:

a) Que en él los integrantes trabajen en armonía.
b) Trabajo cordial.
c) Sus integrantes no están involucrados con los resultados del conjunto.
d) Trabajo transparente.

Soluciones comentadas

1. b) Aumenta la carga de trabajo, aunque dicha carga es compartida con los demás.

La utilidad del funcionamiento en equipos está fuera de toda duda, y aporta beneficios que pueden ser constatados:

- Disminuye la carga de trabajo, ya que varias personas colaboran.

- Se desarrolla el respeto y la escucha.

- El trabajo, la reflexión y la discusión conjunta producen mejores resultados que los aportes individuales.

- Permite organizarse de una manera mejor.

- Mejora la calidad de los resultados. Con una mayor satisfacción percibida por el paciente y su familia.

- Optimización de recursos materiales y humanos.

- Aumenta la motivación de los profesionales.

2. c) Factores tangibles, como la durabilidad y la estética, y sensoriales.

La calidad percibida incluye tanto factores tangibles como la durabilidad y estética, como aspectos sensoriales y emocionales, que influyen en la percepción general del servicio.

3. c) Aplicar tratamientos antiarrugas y antibacterianos.

Los acabados como tratamientos antiarrugas y antibacterianos mejoran la percepción de calidad de las prendas hospitalarias, ya que contribuyen a su funcionalidad y apariencia tras varios lavados.

4. d) Poca operatividad.

A la hora de constituir un equipo de trabajo, debemos tener en cuenta factores que facilitan su desarrollo, entre ellos, el número de participantes. No existe un número ideal en su composición, pero, en general, se admite que deben ser grupos reducidos. La cifra recomendada suele ser en torno a 10, aunque puede variar dependiendo de la función que cumplan. Un grupo menor puede ser insuficiente y carecer de recursos y, uno mayor, volverse poco operativo.

5. a) Líder.

Se define a los líderes como las personas capaces de guiar e influir a otras personas o grupos de personas, y que éstos además lo reconozcan como tal.

6. c) No debe estar dotado de un poder coercitivo, aunque sí premiador.

Características que deben reunir los líderes:

– Decisión, iniciativa y responsabilidad.

– Inteligencia, capacidad y experiencia profesional.

– Actividad, vigor físico y capacidad de trabajo.

– Equilibrio emotivo.

– Integridad moral y aptitud para el trato.

– Sentido práctico y capacidad organizativa.

7. b) No necesariamente relacionados con el campo de la salud.

Además de los objetivos mayores, propios de la institución sanitaria donde se enmarca el equipo, se deben definir los objetivos propios, que deben ser realistas, alcanzables y conocidos por todos.

8. a) Actividad, vigor físico y capacidad de trabajo.

Características que deben reunir los líderes:

– Decisión, iniciativa y responsabilidad.

– Inteligencia, capacidad y experiencia profesional.

– Actividad, vigor físico y capacidad de trabajo.

– Equilibrio emotivo.

– Integridad moral y aptitud para el trato.

– Sentido práctico y capacidad organizativa.

9. c) Partir todos de una actitud favorable en el trabajo de equipo.

Para conseguir un clima de trabajo cordial y transparente, donde los integrantes trabajen en armonía e involucrados con los resultados del conjunto, probablemente el factor más importante será partir de una actitud favorable de los integrantes al trabajo en equipo.

10. c) Planchar las prendas para eliminar arrugas y asegurar su confort.

Planchar las prendas y asegurarse de que estén libres de arrugas mejora la percepción de limpieza y confort, esenciales en el entorno hospitalario.

11. c) El empatizador.

Son individuos con mucho gusto y facilidad para las relaciones humanas. Es imprescindible para convertir al equipo en un lugar acogedor.

12. b) El iniciador.

Es el que siempre está dispuesto a probar cosas nuevas. Suelen ser poco permanentes, pero son ideales para implantar nuevos procedimientos.

13. b) De aproximadamente 10.

No existe un número ideal en su composición, pero en general se admite que deben ser grupos reducidos. La cifra recomendada suele ser en torno a 10, aunque puede variar dependiendo de la función que cumplan. Un grupo menor puede ser insuficiente y carecer de recursos y uno mayor volverse poco operativo.

14. a) El crítico.

Es una persona destructiva, todo le parece mal pero no aporta soluciones. Suele deteriorar el ambiente de trabajo.

15. a) Equipo transdisciplinar.

Esta interrelación de especialistas supone una apropiación de saberes como un aprendizaje continuo de los integrantes del equipo logrando así subir a un nivel más elevado donde las disciplinas se complementan. En la transdisciplinariedad no importa la disciplina, sino el problema a resolver.

16. c) En la etapa de acoplamiento.

Se tarda un tiempo hasta que se produce el acoplamiento de los miembros. Normalmente se superan los enfrentamientos personales y el proyecto sale adelante.

17. a) En la fase de inicio.

Suele predominar la disponibilidad y la visión positiva. Los miembros se sienten ilusionados con su proyecto y mantienen relaciones cordiales entre ellos.

18. d) Evaluar a los subordinados.

La capacidad para dirigir se pone de relieve en la consecución de los objetivos de orientar, motivar y guiar a los subordinados. Los esfuerzos que realice el directivo para influir en el comportamiento del individuo o del grupo tendrá éxito en la medida en que éstos respondan a sus intentos.

19. d) Motivación-Incentivación.

Motivación-Incentivación. Acción encaminada a impulsar el comportamiento de otras personas en una determinada dirección, que se estima conveniente.

20. c) Sus integrantes no están involucrados con los resultados del conjunto.

Para conseguir un clima de trabajo cordial y transparente, donde los integrantes trabajen en armonía e involucrados con los resultados del conjunto, probablemente el factor más importante será partir de una actitud favorable de los integrantes al trabajo en equipo. Otros factores como la edad de los miembros, la buena formación o la experiencia laboral, pueden también influir aunque en menor medida.

TEST N.º 16

Política Ambiental del Servicio Andaluz de Salud (SAS). Nociones básicas sobre contaminación ambiental. Principales riesgos medioambientales relacionados con las funciones de la categoría. Tratamiento de residuos y normas sanitarias para su control y eliminación. La gestión de residuos sanitarios en el SAS. Minimización de residuos

1. ¿Qué es la Agenda 21?

a) Un protocolo español para la protección de zonas verdes.
b) Un programa de acción para el desarrollo sostenible.
c) Un programa para todos los países.
d) Son correctas las respuestas b) y c).

2. La producción de aceites de base mediante el refinado de aceites usados se denomina:

a) Reciclado.
b) Regeneración.
c) Reutilización.
d) Recogida.

3. ¿Qué procesos de valorización de residuos no peligrosos están entre los más habituales?

a) De metales.
b) Lodos de aguas residuales.
c) Neumáticos.
d) Todos los anteriores, entre otros.

4. ¿Qué es el compost?

a) Enmienda orgánica obtenida a partir del tratamiento biológico aerobio y termófilo de residuos biodegradables recogidos separadamente.
b) Material orgánico obtenido de las plantas de tratamiento mecánico biológico de residuos mezclados.

157

c) Suelo cuyas características han sido alteradas negativamente por la presencia de componentes químicos de carácter peligroso procedentes de la actividad humana.

d) Ninguna respuesta es correcta.

5. ¿Qué dice el Reglamento 852/2004 del Parlamento Europeo y del Consejo, de 29 de abril, respecto a los desperdicios de productos alimenticios?

a) Deberán retirarse con la mayor rapidez posible para evitar su acumulación.

b) Se deberán tomar las medidas adecuadas para el almacenamiento y la eliminación de desperdicios de alimentos. Los depósitos se mantendrán limpios y libres de animales y organismos nocivos.

c) La eliminación de los residuos será higiénica, sin perjudicar al medioambiente, ajustándose a la normativa aplicable. En ningún caso la eliminación constituirá una fuente directa o indirecta de contaminación.

d) Todas las respuestas son correctas.

6. Son criterios de prevención en la gestión de residuos, la reducción de:

a) La cantidad de residuo.

b) Los impactos adversos sobre el medioambiente y la salud humana.

c) El contenido de sustancias nocivas.

d) Todas son correctas.

7. ¿Qué dice el Reglamento 852/2004 del Parlamento Europeo y del Consejo, de 29 de abril, sobre los contenedores de residuos?

a) Tendrán tapa.

b) No tendrán tapa.

c) Preferentemente con tapa.

d) No dice nada sobre este tema.

8. ¿Cuáles son fines de la Ley 7/2007 de Gestión Integrada de la Calidad Ambiental de la Junta de Andalucía?

a) Establecer un marco normativo para el desarrollo de los principios de salud laboral en la comunidad autónoma de Andalucía.

b) Establecer la periodicidad de las conferencias de las Naciones Unidas.

c) Establecer un marco normativo adecuado para el desarrollo de la política ambiental de la comunidad autónoma de Andalucía.

d) Todas las respuestas son correctas.

9. ¿Cómo se define el desarrollo sostenible?

a) Aquel que satisface las necesidades de las generaciones presentes.

b) Aquel que satisface las necesidades de las generaciones futuras.

c) Aquel que satisface las necesidades de las generaciones presentes sin comprometer las posibilidades de las generaciones futuras.

d) Aquel que satisface las necesidades de las generaciones futuras sin comprometer las posibilidades de las generaciones presentes.

10. ¿Cuál es uno de los principios clave de la Ley 7/2022 de residuos y suelos contaminados para una economía circular?

a) Eliminar completamente los residuos hospitalarios.
b) Aumentar la producción de detergentes.
c) La prevención de residuos, reduciendo su generación en origen.
d) Usar productos químicos más agresivos.

11. ¿Qué medida fomenta la Ley 7/2022 para reducir residuos peligrosos en las lavanderías hospitalarias?

a) Aumentar el uso de productos químicos fuertes.
b) Utilizar detergentes no biodegradables.
c) Fomentar el uso de productos biodegradables y menos agresivos.
d) Eliminar el uso de cualquier tipo de productos químicos.

12. ¿Qué acción se promueve en las lavanderías hospitalarias según la Ley 7/2022 para mejorar la gestión de residuos textiles?

a) Desechar todos los textiles dañados.
b) Establecer sistemas de recogida selectiva y reciclaje de textiles dañados.
c) Evitar la reutilización de textiles en buen estado.
d) Quemar los textiles no reutilizables.

13. ¿Qué es valorización de residuos?

a) Cualquier operación mediante la cual productos o componentes de productos que no sean residuos se utilizan de nuevo con la misma finalidad para la que fueron concebidos.
b) Operación consistente en el acopio de residuos, incluida la clasificación y almacenamiento iniciales, para su transporte a una instalación de tratamiento.
c) Cualquier operación cuyo resultado principal sea que el residuo sirva a una finalidad útil al sustituir a otros materiales que, de otro modo, se habrían utilizado para cumplir una función particular, o que el residuo sea preparado para cumplir esa función en la instalación o en la economía en general.
d) Ninguna respuesta es correcta.

14. ¿Para qué sirve un contenedor?

a) Para envasar residuos.
b) Para depositar residuos.
c) Para depositar envases de residuos.
d) Todas las respuestas son correctas.

15. ¿Cuál o cuáles de estas operaciones está incluida en la gestión de residuos?

a) Recogida.
b) Transporte.
c) Tratamiento.
d) Todas las operaciones anteriores están incluidas en la gestión de residuos.

16. ¿Cuánto se debe llenar una bolsa de basura como máximo?

a) Llena.
b) La mitad.
c) Dos tercios.
d) Hasta 3 kilos.

17. ¿Cuándo se considera que un residuo es inerte?

a) Cuando emite radiactividad.
b) Cuando no tiene riesgo para el medioambiente.
c) Cuando es peligroso para la salud.
d) Cuando es peligroso para el medioambiente.

18. ¿Cada cuánto tiempo se deberá hacer la retirada de residuos sólidos como desperdicio de origen alimenticio? Se deberá hacer cada…

a) 12 horas.
b) 24 horas.
c) 48 horas.
d) Cada tres días.

19. ¿Qué técnica de tratamiento de residuos son tratamientos para la materia orgánica procedente de la fracción resto?

a) Compostaje.
b) Tratamiento biológico.
c) Reutilización.
d) Tratamiento de escombros.

20. ¿Qué residuos permiten su transformación en otros productos y que pueden ser parcialmente recuperables?

a) Reciclables.
b) Radiactivos.
c) Destructibles.
d) Todos los anteriores.

En MADTEST tienes **más preguntas de este tema**, y todos tus avances quedan registrados y se reflejan en el ranking.

¡Supera tus límites con MADTEST!

Soluciones comentadas

1. d) Son correctas las respuestas b) y c).

La Agenda 21 es un programa de acción para el desarrollo sostenible que se aplica a nivel local, nacional e internacional, por lo que incluye programas para todos los países y promueve la equidad social.

2. b) Regeneración.

Cualquier operación de reciclado que permita producir aceites de base mediante el refinado de aceites usados, en particular mediante la retirada de los contaminantes, los productos de la oxidación y los aditivos que contengan dichos aceites.

3. d) Todos los anteriores, entre otros.

Las actividades de valoración y eliminación de residuos urbanos y asimilables más habituales son:

- Compostaje y vertido de residuos urbanos.

- Valorización de residuos plásticos y de envases.

- Tratamiento, recuperación y eliminación de residuos inertes.

- Valorización de lodos procedentes de estaciones depuradoras de aguas residuales (EDAR).

- Valorización de metales férreos y no férreos.

- Valorización de papel y cartón.

- Valorización de vidrio.

- Valorización de aceites y grasas.

- Valorización de neumáticos.

- Valorización de vehículos fuera de uso (VFU).

4. a) Enmienda orgánica obtenida a partir del tratamiento biológico aerobio y termófilo de residuos biodegradables recogidos separadamente.

El compost es el material orgánico higienizado y estabilizado obtenido a partir del tratamiento controlado biológico aerobio y termófilo de residuos biodegradables recogidos separadamente. No se considerará compost el material bioestabilizado.

5. d) Todas las respuestas son correctas.

El Reglamento 852/2004 del Parlamento Europeo y del Consejo, de 29 de abril, relativo a la higiene de los productos alimenticios, dice lo siguiente con respecto a los desperdicios de productos alimenticios:

1. Deberán retirarse con la mayor rapidez posible para evitar su acumulación.

2. Se depositarán en contenedores con cierre, adecuados para contener residuos, en buen estado, y de fácil limpieza.

3. Se deberán tomar las medidas adecuadas para el almacenamiento y la eliminación de desperdicios de alimentos. Los depósitos se mantendrán limpios y libres de animales y organismos nocivos.

4. La eliminación de los residuos será higiénica, sin perjudicar al medio ambiente, ajustándose a la normativa aplicable. En ningún caso la eliminación constituirá una fuente directa o indirecta de contaminación.

6. d) Todas son correctas.

La prevención es el conjunto de medidas adoptadas en la fase de concepción y diseño, de producción, de distribución y de consumo de una sustancia, material o producto, para reducir:

1. La cantidad de residuo, incluso mediante la reutilización de los productos o el alargamiento de la vida útil de los productos.

2. Los impactos adversos sobre el medio ambiente y la salud humana de los residuos generados, incluyendo el ahorro en el uso de materiales o energía.

3. El contenido de sustancias peligrosas en materiales y productos.

7. a) Tendrán tapa.

Tendrán las siguientes características:

– Impermeables.

– De fácil limpieza.

– Con tapa de cierre hermético.

– Sistema de apertura por pedal.

8. c) Establecer un marco normativo adecuado para el desarrollo de la política ambiental de la comunidad autónoma de Andalucía.

Su objeto es establecer un marco normativo adecuado para el desarrollo de la política ambiental de la Comunidad Autónoma de Andalucía, a través de los instrumentos que garanticen la incorporación de criterios de sostenibilidad en la toma de decisiones sobre planes, programas y proyectos, la prevención de los impactos ambientales concretos que puedan generar y el establecimiento de mecanismos eficaces de corrección o compensación de sus efectos adversos, para alcanzar un elevado nivel de protección del medioambiente.

9. c) Aquel que satisface las necesidades de las generaciones presentes sin comprometer las posibilidades de las generaciones futuras.

Según la declaración de Río (1992) el desarrollo sostenible se define como aquel que satisface las necesidades de las generaciones presentes sin comprometer la capacidad de las generaciones futuras para satisfacer sus propias necesidades.

10. c) La prevención de residuos, reduciendo su generación en origen.

La Ley 7/2022 promueve la prevención de residuos, lo que implica reducir su generación en origen mediante prácticas más sostenibles, como la optimización del uso de productos y recursos en lavanderías hospitalarias.

11. c) Fomentar el uso de productos biodegradables y menos agresivos.

La Ley 7/2022 fomenta el uso de productos biodegradables y menos agresivos para minimizar los residuos peligrosos y contribuir a un entorno más sostenible.

12. b) Establecer sistemas de recogida selectiva y reciclaje de textiles dañados.

La ley promueve la recogida selectiva de textiles dañados y su reciclaje, así como la reutilización de textiles en buen estado, apoyando una economía circular y sostenible.

13. c) Cualquier operación cuyo resultado principal sea que el residuo sirva a una finalidad útil al sustituir a otros materiales que, de otro modo, se habrían utilizado para cumplir una función particular, o que el residuo sea preparado para cumplir esa función en la instalación o en la economía en general.

Cualquier operación cuyo resultado principal sea que el residuo sirva a una finalidad útil al sustituir a otros materiales, que de otro modo se habrían utilizado para cumplir una función particular o que el residuo sea preparado para cumplir esa función en la instalación o en la economía en general.

14. c) Para depositar envases de residuos.

Son recipientes donde se depositan envases con residuos. No debe haber un contacto directo entre el contenedor y los residuos.

Se podrá disponer de contenedores para basura orgánica, para vidrio, para papel y cartón y para plásticos y briks. Esto facilita la clasificación de los materiales para su posterior reciclado o eliminación.

15. d) Todas las operaciones anteriores están incluidas en la gestión de residuos.

La gestión de residuos incluye diversas operaciones, como la recogida, el transporte, el tratamiento y la disposición final de los residuos.

16. c) Dos tercios.

Las bolsas de basura deben llenarse como máximo hasta dos tercios de su capacidad para facilitar su manipulación y evitar desbordamientos.

17. b) Cuando no tiene riesgo para el medioambiente.

Un residuo se considera inerte cuando no representa riesgos significativos para el medioambiente ni para la salud humana, por ejemplo, los escombros.

18. b) 24 horas.

Según el Reglamento 852/2004 del Parlamento Europeo y del Consejo, la retirada de residuos sólidos como desperdicio de origen alimenticio debe hacerse cada 24 horas.

19. b) Tratamiento biológico.

Dependiendo del tipo de residuos, existen distintas técnicas de tratameinto, entre otras, como:

- Tratamiento biológico: son tratamientos para la materia orgánica procedente de la fracción resto.

- Reutilización: preparar aquellos productos que se hayan tirado como residuos para su uso.

- Compostaje: es un proceso biológico que bajo ciertas condiciones controladas (con oxígeno) transforma los residuos orgánicos en un material llamado compost.

- Tratamiento de los escombros: es la trituración de los residuos para obtener por separado unos residuos de otros.

20. a) Reciclables.

Los residuos reciclables son aquellos que permiten su transformación en otros productos y pueden ser parcialmente recuperables mediante procesos de reciclaje. Por ejemplo, papel, cartón, plástico, vidrio, etc.

TEST N.º 17

Prevención de riesgos laborales en el Servicio de Lavandería y Planchado: tipos de riesgos y medidas preventivas. Los equipos de protección individual (EPI) en las lavanderías hospitalarias. Control de infecciones en el entorno de trabajo y en el manejo de la ropa hospitalaria. La manipulación manual de cargas en el puesto de trabajo. Adaptación de puestos de trabajo a las personas especialmente sensibles. Accidente de trabajo: comunicación de incidentes, accidentes de trabajo y enfermedades profesionales

1. Uno de los riesgos de la manipulación manual de cargas provocado por las características de la carga, las características del individuo, las del movimiento que debe ser realizado o las características del medio de trabajo, es:

a) Riesgo dorsolumbar.
b) Riesgo eléctrico.
c) Riesgo higiénico.
d) Riesgo biológico.

2. Debido a factores como la organización de los horarios, cambios tecnológicos, estructura jerárquica rígida, rutina del trabajo y relaciones humanas en el trabajo, se puede producir riesgo:

a) Físico.
b) Ambiental.
c) Psicosocial.
d) Ergonómico.

3. ¿Quién debe informar al trabajador sobre las decisiones adoptadas respecto a la adaptación de su puesto de trabajo?

a) El Comité de Seguridad y Salud.
b) El propio trabajador.
c) La Dirección Gerencia o directivo en quien delegue.
d) Los compañeros de trabajo.

4. Respecto de la inclinación del tronco en la manipulación manual de cargas, es correcto afirmar que:

a) La manipulación de una carga con el tronco inclinado disminuye el riesgo de lesión en la zona.
b) La postura correcta al manejar una carga es con la espalda derecha.
c) La postura correcta al manejar una carga es con el tronco inclinado.
d) La técnica de levantamiento de la carga no afecta para una correcta manipulación.

5. ¿Cuál de estas medidas de prevención es eficaz frente a los riesgos eléctricos?

a) En caso de avería, conectar la tensión.
b) No utilizar los aparatos eléctricos con manos húmedas o mojadas.
c) Cubrir las aberturas en el suelo o colocar barandillas, barras intermedias o plintos en todo el perímetro de los huecos.
d) Disponer de suelos antideslizantes.

6. ¿Qué riesgo conllevan para el personal la realización de trabajos no planificados o imprevistos?

a) Planificación adecuada.
b) Estrés.
c) Riesgos derivados de agentes físicos.
d) Todas las respuestas son correctas.

7. ¿Qué tipo de riesgo se evitará con las siguientes medidas preventivas: mantener de forma adecuada todos los equipos, revestir paredes y techos con paneles que absorban el ruido, aislar las fuentes de ruido?

a) Caídas al mismo nivel.
b) Exposición a fuentes de ruido.
c) Eléctrico.
d) Exposición a productos químicos.

8. ¿Qué medida consideras correcta ante el riesgo de contacto con productos que contienen sustancias químicas peligrosas (productos de limpieza, percloroetileno, otros disolventes)?

a) Exigir al fabricante las fichas de datos de seguridad de los productos.
b) Evitar el contacto de sustancias con la piel.
c) Evitar el contacto con alimentos y bebidas.
d) Son todas correctas.

9. ¿Qué EPIs son obligatorios durante el trabajo en contacto con sustancias cáusticas y/o corrosivas?

a) Guantes de protección química.
b) Guantes de uso general desechables.
c) Protección respiratoria.
d) Son ciertas a) y c).

10. ¿Qué es correcto sobre el área física de la lavandería?

a) Una correcta iluminación es fundamental para ordenar la ropa sucia, operar los equipos de trabajo, inspeccionar la ropa procesada, detectar manchas, etc.

b) El tamaño de la lavandería será en función del volumen de textiles que deban ser procesados y el tipo y tamaño del equipamiento requerido en el procesamiento.

c) El área de procesamiento de ropa sucia debe estar separada del almacenamiento de ropa limpia.

d) Todas las respuestas son correctas.

11. ¿Qué riesgo tiene para el trabajador el proceso de centrifugado de la ropa?

a) Temperaturas elevadas y ruidos.

b) Posturas forzadas y manipulación de cargas.

c) Las respuestas a) y b) son correctas.

d) Las respuestas a) y b) son falsas.

12. ¿En qué zona la ropa es recibida en bolsas y espera su clasificación del Servicio de lavandería? En la zona de…

a) Secado.

b) Recepción.

c) Extracción.

d) Acondicionamiento.

13. ¿Qué medida ayuda a prevenir los riesgos de incendio y explosión?

a) Almacenar los productos inflamables en locales distintos e independientes de los de trabajo, debidamente aislados y ventilados.

b) Almacenar los productos inflamables en armarios no aislados y con la correspondiente señalización de riesgo de incendio.

c) Fumar en todo el recinto sujeto al riesgo.

d) Todas las respuestas son correctas.

14. ¿Qué riesgo supone la ropa contaminada para el paciente y el trabajador de la lavandería?

a) Escaso.

b) Alto.

c) Medio.

d) Grave e inminente.

15. ¿Cuáles son los riesgos físicos más comunes en la lavandería?

a) Contacto y manejo de sustancias químicas.

b) Exposición al ruido, temperatura y electricidad.

c) Manipulación manual de cargas, posturas forzadas.

d) Todas las respuestas son correctas.

16. Con carácter general, la población de microorganismos residentes en los materiales (carga microbiana) se reduce considerablemente mediante:

a) Fumigación.
b) Esterilización.
c) Limpieza por el lavado.
d) Vapor a altas temperaturas.

17. ¿Qué característica de la carga puede hacer que su manipulación presente un riesgo dorsolumbar?

a) Peso elevado.
b) Gran volumen.
c) Equilibrio inestable.
d) Todas las respuestas son correctas.

18. ¿Qué función tienen las grúas pórtico?

a) Levantar y suspender automáticamente una carga.
b) Transportar cargas en palés.
c) Ayudar a reducir la manipulación de carga.
d) Ninguna respuesta es correcta.

19. La zona de ropa sucia está separada del resto para evitar posibles contaminaciones por:

a) Un tabique de escayola.
b) Una barrera sanitaria.
c) Una mampara.
d) Ninguna de las respuestas es correcta.

20. ¿A partir de qué temperatura existe actividad bactericida sobre gérmenes no formadores de esporas? A partir de...

a) 30 ºC.
b) 40 ºC.
c) 50 ºC.
d) 60 ºC.

En MADTEST tienes **más preguntas de este tema**, y todos tus avances quedan registrados y se reflejan en el ranking.

¡Supera tus límites con MADTEST!

Soluciones comentadas

1. a) Riesgo dorsolumbar.

Las posturas forzadas y la manipulación manual de cargas pueden provocar riesgos dorsolumbares debido a factores relacionados con la carga, el individuo, el movimiento y el entorno de trabajo.

2. c) Psicosocial.

Los riesgos psicosociales pueden presentarse por el ambiente físico del trabajo (factores propios de la tarea), organización de los horarios, cambios tecnológicos, estructura jerárquica rígida y relaciones humanas e interprofesionales, rutina del trabajo, etc. Se deben valorar los riesgos de estrés laboral.

3. c) La Dirección Gerencia o directivo en quien delegue.

La Dirección Gerencia o el directivo delegado es responsable de informar al trabajador sobre las decisiones tomadas en relación con la adaptación de su puesto de trabajo.

4. b) La postura correcta al manejar una carga es con la espalda derecha.

La postura correcta al manejar una carga es mantener la espalda recta y alineada, no inclinada ni encorvada, para reducir el riesgo de lesiones.

5. b) No utilizar los aparatos eléctricos con manos húmedas o mojadas.

Esta medida previene el riesgo de electrocución (riesgo eléctrico) al evitar el contacto de las manos mojadas con aparatos eléctricos.

6. b) Estrés.

Situaciones de trabajo que producen estrés (trabajos no planificados o imprevistos, trabajos que requieren otra cualificación).

7. b) Exposición a fuentes de ruido.

Son medidas preventivas en la exposición a fuentes de ruido:

- Adquirir equipos de trabajo teniendo en cuenta el nivel de ruido que producen durante su normal funcionamiento. Marcado CE.

– Mantener de forma adecuada todos los equipos.

– Revestir paredes y techos con paneles que absorban el ruido.

– Aislar las fuentes de ruido.

– Colocar doble acristalamiento en ventanas orientadas hacia zonas ruidosas.

8. d) Son todas correctas.

Son medidas preventivas para el riesgo de contacto con productos que contienen sustancias peligrosas:

– Utilizar sustancias que tienen las mismas propiedades, pero son menos peligrosas.

– Exigir al fabricante las fichas de datos de seguridad de los productos.

– Establecer un plan de acción para la utilización de los productos (método de trabajo, protecciones colectivas, protecciones individuales, almacenamiento de productos, higiene y limpieza personal antes, durante y después de la utilización).

– Evitar el contacto de sustancias con la piel. Evitar el contacto con alimentos y bebidas.

– No realizar mezclas de productos que no estén expresamente indicadas por el fabricante.

– Almacenar los productos en lugares apropiados.

– Mantener los recipientes cerrados.

– Utilizar equipos de protección individual según las prescripciones de uso de estos y la ficha de datos de seguridad de los productos.

– Instalar un sistema de ventilación adecuado para áreas de trabajo con riesgos.

– Utilizar mesa de desmanchado con aspiración localizada.

9. d) Son ciertas a) y c).

El uso obligatorio de los Equipos de Protección Individual (guantes de protección química, protección respiratoria, etc.) son esenciales para proteger al personal contra los riesgos de contacto con sustancias cáusticas y/o corrosivas.

10. d) Todas las respuestas son correctas.

Dondequiera que esté localizada, el área de procesamiento de ropa sucia debe estar separada del almacenamiento de ropa limpia. La separación funcional se puede lograr por diferentes métodos como barreras físicas, presión negativa de aire del área de ropa sucia, o flujo de presión positiva desde áreas limpias a sucias. En cualquier caso, debe tenerse en cuenta que el sistema de ventilación puede afectar a la dispersión de microorganismos potencialmente dañinos y el control del flujo de aire reduce la potencial contaminación de textiles limpios.

El tamaño de la lavandería estará en función del volumen de textiles que deban ser procesados y el tipo y tamaño del equipamiento requerido en el procesamiento. Un tamaño adecuado proporciona un buen ambiente de trabajo y facilita la productividad. Asimismo, un espacio de trabajo seguro depende de un diseño y espacio adecuado, con las pertinentes separaciones físicas necesarias para evitar la contaminación.

Una correcta iluminación es fundamental para ordenar la ropa sucia, operar los equipos de trabajo, inspeccionar la ropa procesada y detectar manchas, etc.

11. c) Las respuestas a) y b) son correctas.

Durante el proceso de centrifugado de la ropa, se pueden experimentar:

- Riesgo ambiental: temperaturas elevadas.

- Riesgo físico: ruido.

- Riesgo ergonómico: posturas forzadas y, a veces, manipulación manual de cargas.

12. b) Recepción.

La zona de recepción es donde se recibe la ropa en bolsas y se espera su clasificación.

13. a) Almacenar los productos inflamables en locales distintos e independientes de los de trabajo, debidamente aislados y ventilados.

No es la única, pero esta medida ayuda a prevenir el riesgo de incendio producido por trabajar con líquidos inflamables, propano, petróleo, presencia de focos de ignición.

14. a) Escaso.

Suelen ser muy escasos los supuestos de infección en pacientes relacionados con ropa contaminada; igualmente ocurre entre el personal de lavandería y los raros casos en que se ha producido se ha asociado con una incorrecta manipulación de la ropa sucia (cuando ocurre una infección ocupacional en personal de lavandería, generalmente es en quienes no usaron las barreras apropiadas para manipular ropa sucia, tales como batas, guantes, o incumplieron la higiene de manos u otras prácticas básicas de higiene).

15. b) Exposición al ruido, temperatura y electricidad.

Los riesgos físicos más comunes en lavandería vienen constituidos por factores como la exposición al ruido, temperatura y electricidad.

16. c) Limpieza por el lavado.

La limpieza por lavado es una forma efectiva de reducir la población de microorganismos residentes en los materiales.

17. d) Todas las respuestas son correctas.

La manipulación manual de una carga puede presentar un riesgo, en particular dorsolumbar, entre otros, debido a las características de la carga:

- Cuando la carga es demasiado pesada o grande.

- Cuando es voluminosa o difícil de sujetar.

- Cuando está en equilibrio inestable o su contenido corre el riesgo de desplazarse.

- Cuando está colocada de tal modo que debe sostenerse o manipularse a distancia del tronco o con torsión o inclinación de este.

- Cuando la carga, debido a su aspecto exterior o a su consistencia, puede ocasionar lesiones al trabajador, en particular en caso de golpe.

18. a) Levantar y suspender automáticamente una carga.

Son capaces de levantar y suspender automáticamente una carga.

19. b) Una barrera sanitaria.

Dondequiera que esté localizada, el área de procesamiento de ropa sucia debe estar separada del almacenamiento de ropa limpia. La separación funcional se puede lograr por diferentes métodos como barreras físicas, presión negativa de aire del área de ropa sucia, o flujo de presión positiva desde áreas limpias a sucias.

20. d) 60 ºC.

Temperaturas de 60 ºC (140 ºF) o mayores tienen actividad bactericida sobre gérmenes no formadores de esporas.

172

TEST N.º 18

Plan de autoprotección, emergencia y evacuación de Centros sanitarios del Servicio Andaluz de Salud. Medidas a adoptar para la prevención de incendios. Planes de emergencias. Protección activa contra incendios. Actuaciones a adoptar en caso de incendio y equipos de emergencia. Protección frente a otros siniestros: accidentes e incidentes medioambientales e industriales, amenazas de bomba e inundaciones

1. ¿Cuál es la distancia máxima a recorrer desde cualquier punto hasta alcanzar un pulsador de alarma?

a) 10 metros.
b) 25 metros.
c) 50 metros.
d) 100 metros.

2. Es norma a tener en cuenta en una evacuación en caso de incendio:

a) Al activarse la señal de evacuación, salir corriendo lo más rápido posible.
b) Mantener la calma. Indicar al personal de la zona la necesidad de evacuar el centro por las salidas definidas (siempre que estas estén practicables).
c) Permitir la recogida de objetos personales a los ocupantes del edificio.
d) Usar los ascensores para una más rápida y ordenada evacuación.

3. El aviso o señal por la que se informa a las personas para que sigan instrucciones específicas ante una situación de emergencia se denomina:

a) Alarma.
b) Alerta.
c) Actividad.
d) Autoprotección.

4. ¿Qué agente extintor es adecuado para sólidos, líquidos y gases?

a) Polvo ABC convencional.
b) Polvo ABC polivalente.
c) Espuma física.
d) Anhídrido carbónico.

5. La evacuación consiste en:

a) Desalojo parcial o total del edificio.
b) La respuesta a la emergencia para proteger y socorrer a las personas y los bienes.
c) Máximo número de personas que puede contener un edificio, espacio, establecimiento, recinto, instalación o dependencia, en función de la actividad o uso que en él se desarrolle.
d) Probabilidad de que se produzca un efecto dañino específico en un período de tiempo determinado o en circunstancias determinadas.

6. En el supuesto de producción de un incendio, se debe adoptar como actuación básica:

a) Antes de nada, comunicar el hecho a la mayor parte de compañeros posible.
b) Iniciar inmediatamente la extinción con los extintores portátiles de la zona, ya que son de fácil manejo y no necesitan de una formación previa.
c) Comunicar el hecho al Jefe de Emergencia o de Primera Intervención, o a su sustituto, facilitándole la mayor cantidad de datos posibles del siniestro.
d) Actuar siempre solo para evitar interferencias de terceros.

7. Para la utilización de un extintor portátil debe tenerse en cuenta, como precauciones generales:

a) La posible toxicidad del agente extintor o de los productos que genera en contacto con el fuego.
b) La posibilidad de quemaduras y daños en la piel por demasiada proximidad al fuego o por reacciones químicas peligrosas.
c) Las descargas eléctricas o proyecciones inesperadas de fluidos emergentes del extintor a través de su válvula de seguridad. También se debe considerar la posibilidad de mecanismos de accionamiento en malas condiciones de uso.
d) Todas las respuestas son correctas.

8. La norma específica de protección antincendios en los establecimientos sanitarios es:

a) Real Decreto 1942/1993, de 5 de noviembre.
b) Real Decreto 2267/2004, de 3 de diciembre.
c) Orden de 27 de julio de 1999.
d) Orden de 24 de octubre de 1979.

9. ¿Cuál de las siguientes opciones es una norma a tener en cuenta en una evacuación en caso de incendio?

a) Al activarse la señal de evacuación, comprobar que las vías de evacuación se encuentran practicables.
b) Mantener la calma.
c) Guiar a los ocupantes hacia las vías de evacuación.
d) Todas son correctas.

10. ¿Qué enfermos se evacuarán los últimos en un incendio?

a) Los prácticamente sanos.
b) Los que pueden desplazarse por sí mismo.
c) Los encamados que no pueden moverse por sí mismos, que estén más alejados de la zona de salida.
d) Los impedidos más próximos a la zona de salida.

11. El emplazamiento de los extintores deberá estar situado:

a) Próximos a los puntos donde se estime mayor probabilidad de iniciarse el incendio.
b) Lejos de las salidas de evacuación.
c) Preferentemente sobre soportes fijados a paramentos verticales, de modo que la parte superior del extintor quede, como máximo, a 50 centímetros sobre el suelo.
d) Ninguna de las respuestas es correcta.

12. En presencia de tensión eléctrica:

a) Es aceptable como agente extintor el agua a chorro.
b) Es aceptable como agente extintor la espuma.
c) Podrán utilizarse agentes en aquellos extintores que superen el ensayo dieléctrico normalizado.
d) Todas las respuestas son correctas.

13. ¿Qué equipo representa la máxima capacidad extintora de un establecimiento cuyo ámbito de actuación será cualquier punto del establecimiento donde se pueda producir una emergencia de incendio?

a) Equipos de primera intervención.
b) Equipos de segunda intervención.
c) Equipos de primeros auxilios.
d) Equipos de intervención y emergencia.

14. ¿A qué situación de esta se le denomina ocupación inevacuable conforme las expone la NTP 045? Si se da en...

a) Cárceles.
b) Grandes almacenes.

c) Oficinas.
d) Son todas las anteriores.

15. ¿Cuándo se considerará por finalizada una amenaza de bomba?

a) Cuando después de una búsqueda exhaustiva por parte de las Fuerzas y Cuerpos de Seguridad el artefacto no aparece.
b) Cuando las Fuerzas y Cuerpos de Seguridad han retirado o han hecho explosionar el artefacto.
c) Cuando haya cesado el peligro para las personas, el Jefe de Emergencia decretará el fin de la amenaza.
d) Todas son correctas.

16. El agua a chorro es un agente extintor adecuado para el fuego de:

a) Gases.
b) Metales especiales.
c) Sólidos (salvo con presencia de corriente eléctrica).
d) Líquidos.

17. ¿A qué situación de esta se le denomina ocupación inevacuable conforme las expone la NTP 045? Si se da…

a) Hospitales.
b) Grandes almacenes.
c) Oficinas.
d) Son todas las anteriores.

18. ¿Cuál es la actuación correcta cuando un incendio no se puede controlar?

a) Comunicarlo al Jefe de Emergencia, pero sin abandonar el lugar, el incendio podría reactivarse.
b) Evacuar la zona cerrando las puertas que se vayan dejando a la espalda e indicarlo al Jefe de Emergencia.
c) Atacar el fuego con los medios de extinción disponibles, manteniéndose siempre de espaldas al mismo.
d) Todas las respuestas son correctas.

19. ¿En qué tipo de extintor el agente extintor proporciona su propia presión de impulsión?

a) Hidrocarburos halogenados.
b) Anhídrido carbónico.
c) Nitrógeno.
d) Polvo polivalente.

20. ¿Qué factores se tendrán en cuenta para la elección de un extintor portátil?

a) Clase de fuego.
b) Tamaño de fuego.
c) Fuerza de la persona.
d) Las respuestas a) y b) son correctas.

En MADTEST tienes **más preguntas de este tema**, y todos tus avances quedan registrados y se reflejan en el ranking.

¡Supera tus límites con MADTEST!

Soluciones comentadas

1. b) 25 metros.

La distancia máxima a recorrer desde cualquier punto hasta alcanzar un pulsador de alarma es de 25 metros.

2. b) Mantener la calma. Indicar al personal de la zona la necesidad de evacuar el centro por las salidas definidas (siempre que estas estén practicables).

Durante una evacuación por incendio, es importante mantener la calma y guiar al personal hacia las salidas definidas para una evacuación segura.

3. a) Alarma.

Alarma: Aviso o señal por la que se informa a las personas para que sigan instrucciones específicas ante una situación de emergencia.

Actividad: Conjunto de operaciones o tareas que puedan dar origen a accidentes o sucesos que generen situaciones de emergencia.

Alerta: Situación declarada con el fin de tomar precauciones específicas debido a la probable y cercana ocurrencia de un suceso o accidente.

Autoprotección: Sistema de acciones y medidas, adoptadas por los titulares de las actividades, públicas o privadas, con sus propios medios y recursos, dentro de su ámbito de competencias, encaminadas a prevenir y controlar los riesgos sobre las personas y los bienes, a dar respuesta adecuada a las posibles situaciones de emergencia y a garantizar la integración de estas actuaciones en el sistema público de protección civil.

4. b) Polvo ABC polivalente.

El polvo ABC polivalente es adecuado para extinguir incendios de sólidos, líquidos y gases.

5. a) Desalojo parcial o total del edificio.

La evacuación implica el desalojo parcial o total del edificio en caso de emergencia. Es la acción de traslado planificado de las personas, afectadas por una emergencia, de un lugar a otro provisional seguro.

6. c) Comunicar el hecho al Jefe de Emergencia o de Primera Intervención, o a su sustituto, facilitándole la mayor cantidad de datos posibles del siniestro.

Ante un incendio, la actuación básica incluye comunicar el hecho al responsable de emergencias y proporcionarle información detallada sobre el siniestro.

7. d) Todas las respuestas son correctas.

Dentro de las precauciones generales se debe tener en cuenta:

- La posible toxicidad del agente extintor o de los productos que genera en contacto con el fuego.

- La posibilidad de quemaduras y daños en la piel por demasiada proximidad al fuego o por reacciones químicas peligrosas.

- Descargas eléctricas o proyecciones inesperadas de fluidos emergentes del extintor a través de su válvula de seguridad. También se debe considerar la posibilidad de mecanismos de accionamiento en malas condiciones de uso.

8. d) Orden de 24 de octubre de 1979.

Orden de 24 de octubre de 1979 sobre protección antiincendios en los establecimientos sanitarios (BOE número 267 de 7 de noviembre).

9. d) Todas son correctas.

En caso de amenaza de bomba vía telefónica, es importante mantener la calma, comprobar las vías de evacuación, guiar a los ocupantes hacia las salidas definidas y comunicar lo sucedido.

10. d) Los impedidos más próximos a la zona de salida.

Como criterio general en la evacuación de los enfermos se define el siguiente orden:

1. Enfermos que puedan desplazarse por sí mismos.

2. Enfermos encamados que no pueden moverse por sí mismos, que estén más alejados de la zona de salida.

3. Enfermos impedidos más próximos a la zona de salida.

11. a) Próximos a los puntos donde se estime mayor probabilidad de iniciarse el incendio.

El emplazamiento de los extintores permitirá que sean fácilmente visibles y accesibles, estarán situados próximos a los puntos donde se estime mayor probabilidad de iniciarse el incendio, a ser posible, próximos a las salidas de evacuación y, preferentemente, sobre soportes fijados a paramentos verticales, de modo que la parte superior del extintor quede situada entre 80 cm y 120 cm sobre el suelo.

12. c) Podrán utilizarse agentes en aquellos extintores que superen el ensayo dieléctrico normalizado.

En presencia de corriente eléctrica no son aceptables como agentes extintores el agua a chorro ni la espuma; el resto de los agentes extintores podrán utilizarse en aquellos extintores que superen el ensayo dieléctrico normalizado en UNE-23.110.

13. b) Equipos de segunda intervención.

Los equipos de segunda intervención representan la máxima capacidad extintora de un establecimiento y pueden actuar en cualquier punto donde se produzca una emergencia de incendio. Deben ser personas localizables permanentemente durante la jornada laboral mediante algún medio de transmisión fiable (llamada colectiva, buscapersonas, radio, etc.).

14. a) Cárceles.

Tipo de ocupación:

- Numerosa (por ejemplo, oficinas).

- Inorganizable (por ejemplo, grandes almacenes, y salas de espectáculos).

- Inevacuable (por ejemplo, hospitales y cárceles).

15. d) Todas son correctas.

Se considera que la amenaza ha finalizado:

- Cuando después de una búsqueda exhaustiva, por parte de las Fuerzas y Cuerpos de Seguridad, el artefacto no aparece.

- Cuando las Fuerzas y Cuerpos de Seguridad han retirado o han hecho explosionar el artefacto.

- Cuando haya cesado el peligro para las personas, el Jefe de Emergencia decretará el fin de la amenaza.

16. c) Sólidos (salvo con presencia de corriente eléctrica).

El agua a chorro es un agente extintor adecuado para el fuego de sólidos, excepto cuando hay presencia de corriente eléctrica.

17. a) Hospitales.

Tipo de ocupación:

- Numerosa (por ejemplo, oficinas).

- Inorganizable (por ejemplo, grandes almacenes, y salas de espectáculos).

- Inevacuable (por ejemplo, hospitales y cárceles).

18. b) Evacuar la zona cerrando las puertas que se vayan dejando a la espalda e indicarlo al Jefe de Emergencia.

Cuando un incendio no se puede controlar, la actuación correcta es evacuar la zona, cerrando las puertas detrás de uno mismo para contener el fuego y comunicarlo al Jefe de Emergencia.

19. b) Anhídrido carbónico.

En el extintor de anhídrido carbónico, el agente extintor proporciona su propia presión de impulsión al liberarse en forma de gas.

20. d) Las respuestas a) y b) son correctas.

En principio, se debería tener en cuenta para qué clase de fuego se quiere el extintor. Para ello se considerará lo expuesto en el reglamento de instalaciones de protección contra incendios.

Otro parámetro a tener en cuenta sería el tamaño del fuego que viene indicado por la parte numérica del código que nos define la eficacia del extintor.

Cómo acceder al Curso

Personal de Lavandería y Planchado
Test del temario

El uso de los códigos **es exclusivo de los compradores de los productos de Editorial MAD**. Cada producto posee un código único y de un solo uso. Es personal e intransferible y da acceso a servicios y contenidos adicionales. Editorial MAD se reserva el derecho de hacer cuantas comprobaciones sean necesarias para identificar al legítimo poseedor del código y dejar de dar servicio a quien haga uso fraudulento del mismo, además de emprender cuantas acciones legales estime oportunas según la legislación vigente.

Deberás acceder a:

mad.es/registro-campus

Si una vez aceptadas las condiciones de uso del Campus decides hacer uso del mismo, necesitarás del siguiente código de acceso junto con los códigos del resto de títulos que se exigen (si fuera el caso):

MGZ8RBIA7W